成长
成人成才之探索
CHENGZHANG CHENGREN CHENGCAI ZHI TANSUO

基于高等教育改革的视野

白慧颖◎著

知识产权出版社
全国百佳图书出版单位
—北京—

图书在版编目（CIP）数据

成长成人成才之探索：基于高等教育改革的视野/白慧颖著. —北京：知识产权出版社，2019.12

ISBN 978-7-5130-6649-5

Ⅰ.①成… Ⅱ.①白… Ⅲ.高等教育—教育改革—研究—中国 Ⅳ.①G649.21

中国版本图书馆 CIP 数据核字（2019）第 283271 号

内容提要

子女或学生成长成人成才，是家长、学校共同的努力方向。在高等教育改革的背景下，作为一位留学生的妈妈和近三十年教龄的学校经济法专业与知识产权专业的学科带头人，作者也在思考和探索：大学如何育人？育什么样的人？学生的核心竞争力怎么培养？如何以良好的亲子关系促进孩子的健康成长？结合丰富的经验，作者从上述维度为读者展开讨论。

责任编辑：安耀东　　　　　　　　　　　　责任印制：孙婷婷

成长成人成才之探索：基于高等教育改革的视野
CHENGZHANG CHENGREN CHENGCAI ZHI TANSUO：JIYU GAODENG JIAOYU GAIGE DE SHIYE

白慧颖　著

出版发行：知识产权出版社有限责任公司	网　址：http：//www.ipph.cn
电　话：010-82004826	http：//www.laichushu.com
社　址：北京市海淀区气象路 50 号院	邮　编：100081
责编电话：010-82000860 转 8534	责编邮箱：anyaodong@cnipr.com
发行电话：010-82000860 转 8101	发行传真：010-82000893
印　刷：北京九州迅驰传媒文化有限公司	经　销：各大网上书店、新华书店及相关专业书店
开　本：720mm×1000mm　1/16	印　张：11.25
版　次：2019 年 12 月第 1 版	印　次：2019 年 12 月第 1 次印刷
字　数：140 千字	定　价：68.00 元

ISBN 978-7-5130-6649-5

出版权专有　侵权必究
如有印装质量问题，本社负责调换。

自　序

三十一年前，不满十八周岁的我怀着憧憬与忐忑走进了大学的校门，如今已近知天命之年，在高校教学一线竟已奋战了二十七年。这三十多年是中国改革开放的伟大变革时代，也是中国高等教育蓬勃发展日渐壮大的时代。我作为曾经的大学生、现在的高校教师，身处这样的变革与发展时代，有许多的感悟与思考。

那时，作为一个刚进入大学的懵懂青年，我对于高校课堂教学并没有深入的思考，对于自己今后的发展也无明确细致的规划，只觉得无升学之困扰、无题海之烦恼的大学生活还是很惬意的。高校与以往无异，依然满堂灌式的教学模式也为自己接受和认可。偶尔几次出去参观一下监狱戒毒所、请专家做个讲座就已经欢呼雀跃、兴奋不已。信息匮乏的年代里，书信、贺卡成了我最大的精神慰藉。当我走上高校讲台，面对一双双期待的眼睛，过往所接受的教学方式方法也顺理成章潜移默化在自己的教学生涯中……

伴随着改革开放与计划生育政策成长起来的"80后""90后"以及"00后"们，以与"50后""60后"以及"70后"们完全不同的姿态面貌陆续出现在大学校园里。且不说从"楼上楼下、电灯电话"到"汽车、洋房和名牌"的物质追求升级发展，也不说从姊妹兄弟众多到独生子女，从三代同堂到留守儿童的家庭单元变化，更不用说世界观、人生观与价值观的巨大差异，单是信息科学技术对人类生产生活方式的颠覆性冲击和影响，就足以使浸润在手机、电脑、网络里的年轻人的思想行为与习惯让我们之间代沟丛生了。

同样，互联网时代的到来对高校课堂教学的冲击也是不言而喻的。海量信息下教师的知识储备简直就是沧海一粟。课堂教学对学生的持续吸引力难以与手机、电脑匹敌，传统教学模式与教学效果备受质疑与诟病。高校教学改革与高等教育体制机制改革呼声不断，实践中各种制度与模式轮番上场。从项目驱动、问题导向型教学到研究导向型、启发创新型教学，从微课、慕课到精品在线课，从"985""211"到"双一流"建设与"双万"计划，教育部、高校以及一线教师，都在思考与探索高等教育的转型发展。但高校教育教学改革真的只是教育主管部门、高校以及教师们的责任与义务吗？我们需要什么样的人才、如何培养人才是全社会都应当思考、探索的事情。笔者作为一个高校教师和教学管理者，对高校教育教学有着切身的感受和体会，也很希望通过认真总结与梳理，把自己的感悟与拙见分享给大家，以期在教育大变革浪潮里涌起自己的那朵小小的浪花。

是为序。

目 录

第一章 成长成人成才之源泉——家庭教育 …… 1

第一节 对家庭教育的理解与感悟 …… 1

第二节 点滴记录与启示 …… 28

一、小侄二三事及启示 …… 28

二、养花花草草的启示 …… 30

三、旋转陀螺背后的启示 …… 32

第二章 成长成人成才之基石——基础教育 …… 35

第一节 教师的积极作用与消极作用 …… 35

第二节 对基础教育的几点建议 …… 43

一、加强优秀传统文化教育，为实现文化自信、传承中华文明发挥基础教育不可替代的作用 …… 43

二、对校园霸凌零容忍，为学生创设健康安全的校园环境 … 45

三、注重学生们的心理健康问题，即使在基础教育阶段，也应开设心理健康相关课程或设立心理健康中心机构 … 46

第三章 成长成人成才之关键——高等教育 ·· 47

第一节 课程教学改革的思考与实践 ·· 48
一、经济法课程教学改革的探索实践 ·· 49
二、知识产权法课程教学改革的探索实践 ·································· 58
三、对西交利物浦大学研究导向型教学的感悟 ··························· 64
四、实践教学案例评析 ··· 67
五、理论与实践紧密结合、教学与科研相互促进的实例 ·············· 72

第二节 高校人才培养的思考与实践 ·· 101
一、关于知识产权复合型应用型人才培养探究 ··························· 101
二、以河南为例谈谈高校女生人文素质教育的培养 ···················· 107
三、高校女生人文素质教育探索之案例总结 ······························ 113
四、新时代教育思想观念大讨论之后的思索与体会 ···················· 117
五、关于师德师风和校园文化建设的思考 ································· 119
六、课堂思政与思政课堂的实例 ·· 121

第三节 课程体系与专业建设的思考与实践 ·································· 130
一、法学专业实践课程体系的构建 ·· 130
二、对家政服务与管理专业先创设又停招的反思 ························ 135
三、设置知识产权专业的论证报告 ·· 147
三、知识产权专业人才培养方案简介 ··· 154

第四节 团队建设的思考与实践 ·· 155
一、经济法教学团队建设 ·· 155
二、知识产权科研创新团队建设 ·· 163

第五节 几点思考与感悟 ·· 166

后　记 ·· 172

第一章

成长成人成才之源泉——家庭教育

第一节　对家庭教育的理解与感悟

人们常说，每个孩子在生命的最初都是一张白纸。在这张白纸上如何涂色作画，是父母、亲人、家庭、学校以及政府和社会共同的责任。大学生们在大学时代的种种行为表现，无论积极消极、正面负面，均带有深深的原生家庭及过往生活经历的烙印。如今高等教育所面临的种种问题，深究根源，也许在孩子呱呱坠地之日起，就已被家世背景、地域、政治、经济等各种非自身因素决定，但良好的教育所能起到的指引、改变、激励、鼓舞等作用依然不容小觑。笔者联想起自身的成长经历、从教经历以及育儿经历，想分享一些感悟与体会给大家，希望能为祖国未来的接班人和建设者的成长成人成才贡献绵薄之力。

原生家庭对一个人的影响是深刻且深远的，即使说原生家庭的影子与一个人相伴终生也不为过。习总书记在全国教育大会上也曾指出，家庭是人生的第一所学校，家长是孩子的第一任老师，要给孩子讲好"人生第一课"，帮助扣好人生"第一粒扣子"。论至此，笔者不由想起某知名高校学生吴某某弑母案。这起案子曾引发社会热议。杀父弑母为世上最大逆不道之事，一个高才生竟那么冷静缜密去策划完成，令人细思极恐、毛骨悚然。而郑州当地的一起案件与此案也有共同之处。某知名高中竞赛班一名男生因不满母亲的长期高压教育，用锤子和绳子将母亲残忍杀死，而后又回校学习，晚上借宿在同学的宿舍（该生未住校）。因紧张恐惧压力等不可名状的心理，他不肯上床就寝，只愿趴在桌子上休息，直到东窗事发……

当与此男生同校的女儿向我讲述这起骇人听闻的案件时，我在震惊之余，心被深深刺痛了。莎士比亚曾说，不知感恩的子女，比毒蛇的利齿更能噬痛人心。是什么原因让世上最亲密的母子关系，不仅未能体现舐犊情深、羔羊跪乳、乌鸦反哺反而剑拔弩张、拔刀相向呢？

古诗云："谁言寸草心，报得三春晖"（孟郊《游子吟》）；"搴帷拜母河梁去，白发愁看泪眼枯"（黄景仁《别老母》）；"霜陨芦花泪湿衣，白头无复倚柴扉"（与恭《思母》）；"老母与子别，呼天野草间"（李白《豫章行》）。但丁曾说，世界上有一种最美丽的声音是母亲的呼唤。高尔基也曾说过，世界上的一切光荣和骄傲都来自母亲。古往今来，人们对于母亲、母爱给予了高度赞美和颂扬。正如犹太谚语所讲，上帝不能无处不在，因此他创造了母亲。即使在极度男尊女卑、歧视妇女的封建社会对于母亲的讴歌也是毫不吝啬的。那么在崇敬与赞扬声中的母亲们是否可以因此理所当然、心安理得地认为自己就是一个正确合格的母亲，自己就是孩子学习的榜样、动力的源泉、成长的基石呢？显然并非如此。但无论如何，一位母亲对孩子的影响，或积极或消极，或正面或负面，都是长久而深远、沁入骨髓的。论及此话题，诸多往事浮上心头，一时竟不知从何说起……

清晰记得那个满怀喜悦向妈妈汇报期中考试取得优异成绩的六七岁的小姑娘，未曾忘记汇报演出间歇兴冲冲跑向满脸骄傲的妈妈的小女孩儿，不能忘却成绩不理想时在母亲面前战战兢兢、噤若寒蝉的小可怜，更难以释怀被严厉责骂下恨不能离家出走却又无能为力的伤心、愤懑、绝望的孤独少女……往事很想如烟却很难如烟，如今已近知天命之年的我终于可以放下思想与心灵的包袱，跳出小我的束缚与桎梏，以淡泊坦然的心态从成长成人成才的角度来谈一谈家庭教育里的父母与孩子，尤其是母亲与孩子的亲子关系了。

古今中外的父母们大都有望子成龙、望女成凤之心，而此种心理在亚洲文化圈，特别是在深受中华文明熏陶浸润的东亚文化圈尤甚，其中中国父母对子女蟾宫折桂、金榜题名的渴望更是声名远播、令人慨叹。蔡美儿的《虎妈战歌》不过是将普通中国父母的所想所做提升了档次与高度，父母们之希望并无本质差异。但父母们有让儿女成龙成凤之心并不意味着有培养儿女成龙成凤之恰当的方法与举措。未经任何培训与考核认证就可以成为父母的事实让不少家庭的亲子关系在社会学意义上付出了太多血与泪的代价。许多父母费尽心力培养子女并等待着儿女们的感恩回报，但可惜的是并不领情的儿女们也在等待着父母的反思与道歉。不幸的是，我也曾经是这些儿女中的一员。那个拉黑父母多年的北大毕业的四川某地高考状元控诉父母的万字长信也曾不经意间触动我自己敏感的神经……

如果说中国父母对子女成才的渴求在全球都首屈一指的话，那知识分子父母更要独占鳌头了。我的父母作为"文革"前最后一届正规大学生对学历的看重深深根植在头脑里，并自然而然外化在教育子女的行动中。我作为长女成为双亲实验实践的对象不仅顺理成章而且也是必然，并由此拉开了我与父母，尤其是与母亲多年来亲情纠葛恩怨的序幕……

可以想见，20世纪70年代农历辛亥年的那个正月，在新年喜庆祥和的节日气氛里，白白胖胖的大闺女的出生给已而立之年的父母带来多大的幸福和喜悦。当粉嘟嘟肉乎乎的小生命真实却又梦幻般抱在怀里之时，无限的憧憬与期盼充斥洋溢在椿萱的心头。然这个水瓶座的大女儿能按照高堂的设计成长发展吗？

母亲常说，我牙牙学语之时就显现了超强的记忆力，短小的古诗、简单的儿歌教上几遍就能依葫芦画瓢背下来。这些我早已不记得。我最早的记忆是一周岁左右的一件事情。那天清晨大街上似乎有些灰蒙蒙，母亲抱着我，大概碰见一个熟人，母亲大声说带孩子种牛痘之类的话，然后就掀开了路边卫生院的门帘……哇，桌子上鱼缸里游来游去的黑金鱼霎时吸引了我。也许这对婴幼儿来说太过神奇，从此这个场景就深深印在了我的脑海里，估计要相伴终生了。至于种牛痘是否疼痛、自己是否哭闹都已随时光飘散，毫无印象。

假如发现女儿记忆力好的爸妈能够因材施教，多多引导我背诵诗词歌赋、国学经典，估计怎么也能成长为出口成章、满腹经纶的才女，说不定还赶得上参加中国诗词大会呢！然时光不能倒流、历史不能假设。在"学好数理化、走遍天下都不怕"的实用主义口号下，父母毫不例外地格外重视对我数学才能的培养，也不管我是否有这个天分和兴趣。幼儿园时爸妈就让我背诵九九乘法口诀，对乘法没有一丝一毫认知的我怎么也记不住那些枯燥的数字。如此反反复复、背了忘、忘了背、几番折腾，依然只会背一一得一、一二得

二、一三得三……一九得九、二二得四，剩下的，对不起，记不得。我的超强记忆力在数学学习上遭遇滑铁卢。不知我的爸妈是否感受到挫折，但背诵乘法口诀的惨痛记忆却让我产生深深的挫败感，并从此对数学深恶痛绝。

无数名人名家的事迹都在印证着一个铁一般的事实，即兴趣是最好的老师，热爱是动力的源泉，内因才是事物发展的根本原因。从牛顿、爱迪生、达尔文、居里夫人到法布尔、孟德尔、高斯、王贞仪……他们之所以能够在各自投身的领域取得成功，正源于对兴趣爱好持之以恒的坚守。当然不能否认，在芸芸众生中的确存在天资聪慧、智力超群者，但这些人毕竟为极个别，多数人的智商并无天壤之别。在智力起跑线大同小异的基础上，能否挖掘兴趣点、培养兴趣点，并持续不断为之添砖加瓦，是关乎未来是否可持续发展之关键点。可惜许多父母并未意识到这一点，往往人云亦云、盲目攀比，忽视自家孩子的闪光点，将孩子当作实现自己理想的工具，恨不能拔苗助长，从而将孩子的兴趣亲手掐死在了萌芽阶段。

在小、初、高十一年的求学阶段里，笔者对数学的恐惧和厌恶始终如影随形，虽然整体成绩还行，数学偶尔也能开窍拔尖儿，但总的来说数学的短板问题未能从根本上得到改观。这也是我高中坚持读文科班，大学选法学专业的缘由。当然这些都是后话。

除了在发现培养孩子兴趣特长上许多父母存在不足之外，为人师为人母之后，我观察对比思考许久，总结归纳了不少家庭在教育子女方面的问题与错误（包括我自己所受到的教育和我对孩子的教育）。

第一，爱的缺失与爱的过度。

我个人认为中国人尊老爱幼的传统更多体现在理论上。推崇含蓄内敛，拒绝独立个性的民族心理使得生活实践中即使亲人间也鲜有直白的爱的表达。而且"打是亲、骂是爱""不打不成才""棍棒底下出孝子"等落后的育儿理念长期被许多中国人奉为信条，以致很多时候子女未能感受到父母的爱，反而对父母的严厉与责骂留下深刻的记忆。一次收看电视节目，屏幕上一对母女的话让我印象深刻：已经成年且在戏剧界小有名气的女儿颇为委屈地说，自己认为教育孩子应该多鼓励、多肯定而不是总责罚打骂，那不利于孩子的成长进步。母亲则很不解地说，她真不明白现在的年轻人怎么那么会疼爱孩子，她们当年就是训斥责骂，学不好就打、就罚。还有一期介绍苏绣的纪录片，片子里已成为苏绣大师的女儿说，其实自己小时候挺恨妈妈的，觉得妈妈太严厉，老管自己。这两对母女的观念冲突让我不由联想到我和我妈。脾气暴躁、性格外向蛮横的老妈遇到细腻敏感、胆小内向的女儿真是命中注定的不幸。大概幼儿园大班时，母亲曾用智力测试题来检验我是否聪明，如一斤棉花和一斤铁哪个重？一张桌子四个角，切掉一个角还剩几个，等等。全都答错的我自然被母亲嫌弃训斥。每年的寒暑假，母亲都要让我提前学习新学期的数学。至今我还记得那些噩梦般学不会、做不出的数学题："两辆汽车同时从甲乙两地对开，大客车每小时行 40 千米，小汽车每小时行 60 千米。两车相遇后，大客车继续行驶 4 小时才到达甲地。两地距离多少千米？""一个水池有一条进水管和一条出水管，单开出水管 50 分钟可将满池水放完，单开进水管 40 分钟可将空池注满水。现池中有 3/5 的水，如果同时打开两条水管，多少分钟能注满？"面对我的晕头转向一脸懵，母亲气急败坏、怒不可遏、连吵带骂"怎么这么笨，死不开窍"。习惯于批评指责的母亲并没觉察她的言语对我幼小心灵的伤害。小时候的我常常觉得被母亲忽视、被母亲挥来喝去、被母亲训斥否定。也因此十分艳羡备受母亲疼爱的我的同学加好友慧兰、艳红。慧兰的妈妈对她那么慈爱，艳红的妈妈对她那么宠溺，我的妈妈怎么那么严厉、那么难以接近，为什么妈妈总是对我不满意，我那么温顺听话爱干家务活还是被责骂？这些问题常常困扰我，以致我小小年纪就经常失眠。

从懂事起我和母亲间就未曾有过手拉手、挎胳膊、拥抱等亲密行为，也从未一起亲亲热热聊过天。饭桌上的交流基本是因学习问题被指责、被打击、被呵斥。以至于很长一段时间放学回家后我基本一言不发，吃完就走。也正因如此，我常常赌气想，如果自己当了妈妈绝对不这样，一定要疼爱孩子、怜惜孩子，决不把孩子当成出气筒。我女儿升高中前夕，一次我们娘儿俩拉家常，女儿对我说："妈妈，我爱你，有你这样的妈妈我真是太幸福了，你真的很懂孩子的心理。"听了这话，我很欣慰也很心酸，我自己怎么没有这样的妈妈。总结过去，我经常如此概括，我没有幸福的童年少年青年，始终活在训斥与否定中，以至于成年后也严重缺乏自信，潜意识里也认为自己很笨。刚上班时，领导指派给我工作，我下意识说出"我很笨，不知能否干好"。领导满脸惊讶地说"小白，你怎么能说自己很笨，年轻人要有自信"。我愣在那里哑口无言。常年压抑否定的环境几乎彻底毁掉了我的自信，自我认知也出现严重偏差。

其实，99.9%的妈妈都是爱孩子的，但如果孩子感受不到被爱，对孩子的心理健康、幸福感的获得以及未来融入社会都是非常不利的。许多问题儿童、少年、青年以及社会垃圾人，追根求源，原生家庭爱的缺失是重要的原因之一。

爱的缺失影响成长成人成才，但爱的过度同样问题频出。娇子如杀子，慈母多败儿。这里的娇子与慈母是指毫无原则地娇惯宠溺，这样的例子数不胜数,从杀害空姐的滴滴司机到杀害央视实习女主播的渣男友到在机场捅伤母亲的逆子,无不是自小被过度骄纵,导致成人后唯我独尊、骄横跋扈、藐视法律。

古人云"父母之爱子,则为之计深远"(刘向《战国策·触龙说赵太后》)。从成长成人成才的角度来讲,让孩子生活在充满温馨与理智的爱的家庭环境里,是父母所能给予孩子的最美好的生活。这与物质经济并无直接联系,只是还有许多父母并未意识到这一点。

第二,谦虚有余,赞美不足。

毛主席那句"谦虚使人进步、骄傲使人落后"可谓家喻户晓、妇孺皆知。"谦受益、满招损"(《尚书·大禹谟》)大家也是耳熟能详。从传统中华文化的角度来分析,谦虚谦逊的确是美好的品德,但从教育子女的立场来理解,父母的谦虚客气有时对孩子未必公平。因为从人性的角度讲,无论成年人还是未成年人,每个人都渴望被认可、被接纳、被肯定。如果一个孩子长期得不到积极客观的评价,对他的自信心是严重的打击。很难想象生活在批评否定中的孩子将来能够灿烂阳光。小学时,每当取得一点点成绩,比如考试得了班级第一名、被选为了中队长、作文被当作了范文、智力竞赛取得了好成绩等,我总是兴冲冲地回家告诉父母,但十有八九会被兜头泼一盆冷水。我二年级当上中队长后的情景仿佛还在眼前。当老师宣布了大队长、中队长、小队长名单后,我们这些入选的学生分别佩戴上了相应的白底红杠的布做的徽章。放学回家的路上,不断有路人看到并夸奖道"不错,两道杠呀"。我神采飞扬、有些得意地回到家,但母亲一句"怎么才是个中队长,大队长怎么不是你?"一棍子将我打入谷底。三年级那次考试之后的事情更是历历在目。当各班成绩张榜公布后,我看到,虽然自己得了全班第一,但与其他班级的第一相比差距很是明显。回家后惴惴不安的我小心翼翼地告诉母亲自己的成绩与班级排名，不出所料母亲马上问年级能排第几。我支支吾吾说不知道，并解释说学校只排了班级的名次，没有排年级的。母亲大怒，骂我笨，死脑筋，竟然算不出年级排名。我默不作答，心理却很不服气，都班级第一了还不行。小学五年级时，我得到过全校唯一的一个"全国红领巾读书奖章"，初中时得到过新乡地区作文一等奖，但这些令我十分骄傲的成绩却从未得到过父母一句表扬。诸如此类的事情不胜枚举。最让小时候的我不能释怀的是逢年过节时母亲在亲朋面前的谦虚。我年年都被评为"三好学生"，但亲友问起我的学习状况，母亲总是说"成绩一般""就那样儿"。有一年冬天，我的一个表姐年终被评为"三好学生"，表姐的爸妈把奖状贴在堂屋墙上，结果来访的众亲友都纷纷夸赞。那天，众亲友欢聚一堂，又你一言我一语夸起了表姐，顺带着亲戚也问起我的成绩，母亲又是轻描淡写地说了句"成绩一般"，于是人家很知趣地不再问了。而一边的我眼泪都要气出来了。这件事虽然现在想起来一笑了之，但当年每每想起总是意难平。我的那些自己十分看重并珍爱的奖状、证书、徽章等一件也没保存下来。由于得不到鼓励称赞，后来无论是取得成绩还是遇到困难，我都闷在心里不再与父母交流。

在那个年代里，这样过分谦虚的父母不在少数。那个年代，大家普遍觉得不能夸孩子，夸奖会让孩子骄傲，认为通过和别人家孩子比较来批评打压自己孩子可以激发孩子斗志、刺激孩子上进。事实果真如此吗？每当母亲（有时是父亲、外婆）称赞谁谁家孩子数学如何好、脑子如何聪明，谁谁家孩子会擀面条、会蒸馍做饭，谁谁家孩子机灵活泼嘴巴甜，我都怒从心头起，只是敢怒不敢言罢了。

成年后和同龄人聊起这个话题，与我有相似经历、相同感受的大有人在。其实作为父母真应该换位思考一下，如果孩子也拿别人家父母和自己父母比较又将如何？"要想公道，打个颠倒"。我的一位同事的孩子在被和别人家孩子比较后就曾愤然反驳道：人家谁谁妈妈是个局长，谁谁妈妈是个院长，你看你就是个普通老师，啥官儿也没混上。我这位同事气得差点吐血。所以，该批评就批评，该表扬也得表扬，从心理学角度讲，客观恰当地表扬对孩子的激励作用更大。

第三，家长制作风严重，缺乏平等尊重，不维护孩子的自尊心。

三纲五常、等级尊卑的封建思想对中国人毒害太深，父母子女间的平等相待在许多家庭里难以实现。在家长制作风严重的家庭环境里，孩子很容易养成胆小怕事、做事缩手缩脚、遇困难就想逃避、自卑内向的性格，同时还可能会撒谎。初一前的那个暑假，父母没有逼迫我提前学数学，我终于可以有个相对轻松的暑假。但是初一开学第一周，班主任兼数学老师就来了个小测验，毫无准备的我只考了70多分，成绩下来后我傻眼了，更害怕得要死，怎么向父母交代呢？我思来想去找了个自认为聪明的办法——向父母撒谎。于是当父母问起小测验成绩时，我谎称得了90分。原以为90分能让父母满意，谁知这个分数仍然让父母十分生气，他俩大吼了我一顿，我根本不敢辩解，内心存着侥幸，希望这件事能赶紧过去。未料想父母不甘心女儿数学只考90分，他俩去找数学老师了解情况，结果可想而知。得知真相的父母当着外婆、姨妈、几个表姊妹的面把我数落得一无是处、体无完肤。（外婆在世时，我家和姨妈家经常聚在一起吃午饭晚饭，甚至在一起过年）暴怒的母亲更是言辞激烈犀利，甚至还很恶毒。在众亲友旁观下哭得涕泪横流、稀里哗啦的我心里只有羞愤、怨恨，并没有对自己撒谎的行为有任何后悔和自责。

随着年龄的增长，我在家里越来越沉默，但在同学中间却活泼起来。因爱读课外书，有一定的知识面，课余时间常和同学们高谈阔论，有时还和同样爱好文学的同桌作诗附和。我这个同桌是个男生，班主任怀疑我早恋并将此消息迅速通知我的母亲，于是在那个晚自习之后的夜晚，"暴风雨"在家里肆虐了半夜。母亲声嘶力竭地斥责怒吼，不断运用语言暴力进行人身攻击，好像我的确犯下弥天大罪，暂住在我家的一远房亲戚也不敢劝解。那天如果有一瓶农药我真的就喝了。可是天地良心，我根本没有早恋，再说就算孩子早恋，父母就不能心平气和与孩子沟通交流，引导孩子明白是非利害，非要把孩子贴上不正经、不正派的大标签，然后打入十八层地狱吗？从那以后，我的心离母亲更远了，敏感的心扉连个缝也不再开给她。我还暗下决心，以后有能耐了离家越远越好。

高中时因为我的数学成绩一直不理想，母亲找了位优秀老师来给我补课。课间母亲和这位老师聊天，一开口就是"我这个闺女脑子笨，一点儿不灵性"，听惯了母亲鄙视话语的我沉默不反驳。但老师却说："我觉得还行，她只是没掌握学好数学的方法。"我非常感谢这位老师，他和气亲切颇有耐心，尤其教学方法很是独到，原本对数学毫无兴趣的我竟也逐渐开窍。高考时数学满分120分，我得了114分，让人（主要是我母亲）惊掉了下巴。

每个人都有自尊心，每个人的人格尊严都应该被尊重，小孩子也不例外。家长为了自己的面子和权威，不论是否当着外人的面就对孩子劈头盖脸呵斥指责，将会严重损害孩子的自尊。有的孩子天性外向、积极乐观，父母的打骂指责对他副作用不大。比如我家先生，小时候因调皮捣蛋经常被母亲满大街追着打，但人家依然乐呵呵从不放在心上。可有的孩子生来敏感内向，比如笔者，对于伤自尊的事情久久难以释怀，这样的孩子绝不适宜采用任何身体和语言的暴力行为来教育。孩子成年后的暴力行为（包括冷暴力），很多都是年幼时种下的。

中国人历来讲究师道尊严、长幼有序、亲情人脉，从积极正面的角度来看并无不妥，然如果夹杂了三纲五常以及其他封建糟粕思想，则危害无穷。也许母亲的专制作风让我深受其害，所以对于任何带有封建意识或色彩的思想行为我都会本能地反感，内心深处特别藐视权威和等级，这对于我未来职场的发展产生了很大弊端，但我当年并不自知。

第四，没有恰当的教育方法，不能激发孩子学习的内在动力，只会强迫强制。

我深知被强迫学习的苦恼与无效，因为从小到大我就是这样过来的。其实我原本是个很爱学习的学生，但随着一年年寒暑假被逼着突击学习数学这门我最讨厌的课程，我的学习兴趣越来越低。整个青春叛逆期我的厌学情绪就没有调整过来。高中时有一年春节，大年初一刚吃过早饭，母亲的一位教数学的同事就找到她，说是要给他自己的女儿补数学，让我也一起去听课。原本打算和表姐一起去看电影的我压根儿不想去补课。母亲明明看出了我满脸的不情不愿，但依然应承着让我去收拾课本练习册等。不得已，一肚子生气怨愤的我只好去补课，效果可想而知，我一点儿都不配合这位数学老师，他课后向母亲告状，我自然又被批了个体无完肤。类似的例子举不胜举，说起来真是一把辛酸泪。

我常想，如果不是对未来有着不切实际的梦想和幻想，对离开父母远走高飞有着无比强烈的渴求，满心满脑厌学的我恐怕不会在高三时刻苦努力，最终能够像出笼的小鸟一样飞向自己理想的远方。

第五，对孩子的好奇心、求知欲缺乏正面的支持引导，教育孩子没有耐心，稍不满意就对子女大吵大吼。

小孩子天生具有好奇心，对于感兴趣的事物往往特别执着。但许多家长不经意间将孩子的好奇心和求知欲扼杀在了摇篮里。我家先生小时候曾将姥姥家的钟表拆坏——因为好奇表针为啥能走，最后当然被父母狂吵一顿，差点儿挨揍。不过他超级皮，所以负面影响可以忽略不计。可我不同，父母的态度对我影响深刻。比如自小我就很希望能像姥姥和妈妈一样女红手艺一级棒，可是无论是学绣花还是学织毛衣，还没开始学就被吵得晕头转向一肚子气。我的可怜的一丁点儿编织手艺，还是大学期间在众室友指导帮助下的结果。虽然室友们一致认为两根毛衣针在我手上如同大棒，但依然耐心传授技艺，终于让我学得一点儿皮毛。再如我喜好文学爱读书，为了看那些父母眼中的闲书，整天和父母玩猫捉老鼠。就连当年风靡一时的评书《岳飞传》《萍踪侠影》等，我也是偷偷摸摸到邻居家蹭着听的，因为父母觉得影响学习。

第六，因为被传统道德观念绑架，或者为了自己的面子荣誉等原因，随意牺牲孩子的利益。

我们确实应当歌颂赞扬大公无私的奉献精神，但家长不能因此对小孩子也进行道德绑架，要求小孩子也必须为他人的利益而牺牲自己的利益。记得小学时有一年冬天，外婆给我做了一件粉底小花绵绸料的新棉袄，亲戚还送我一条粉白相间的长围巾。我穿上新棉袄，围上新围巾，感觉美极了，也开心极了。然而没过多久新棉袄和新围巾都消失得无影无踪。我心中非常疑惑也非常着急，可是一贯畏惧母亲的我根本不敢开口问。直到有一天母亲和邻居闲聊，才知道我心爱的棉袄和围巾已被母亲赠送给同事的孩子了（母亲这位同事的妻子病逝，孩子没有过冬棉衣）。我心里难过极了，可并不敢对母亲质疑什么，我害怕母亲的训斥和说教，但内心深处无数次想质问母亲，为什么要把我的新棉袄新围巾送人。助人为乐、乐善好施都是值得提倡的行为，但未经孩子同意随意牺牲孩子的利益是不应该的。

许多家长都有过类似的行为。我的一个亲戚告诉我这样一件事：她的家境不太殷实，儿子的玩具不多，因此她四岁的儿子对我送他的三轮小脚踏车特别珍爱，每天在弄堂里骑来骑去。有一天孩子表姨来要这辆小车，因为孩子表姨家的女儿要骑。她碍于情面，让孩子表姨拿走了，结果儿子哭得昏天黑地、声音嘶哑。这位亲戚说，虽然她也知道孩子不舍得，但是为人怎么能那么小气呢，小孩子哭哭就会忘了。我很清楚孩子不会忘的，只是不敢对抗家长罢了。小孩子并不是父母的附属品，他是独立的个体，有自己的人格和权利。

第七，不知如何培养孩子维权意识与自我保护能力，或以暴制暴或寄托于权威。

漫长的封建社会使得国人的权利意识有着浓厚的传统色彩，上下尊卑、服从权威渗透到了生活中的方方面面、点点滴滴。古典戏剧中满腹冤情的百姓对青天大老爷的极度渴求，现今社会遇到困难的民众对政府巨婴症般的依赖，无不是这种思想的体现，即便从很多家长教育孩子上也能窥见一斑。从上幼儿园起我就记得长辈们的谆谆教导，"要是有小朋友欺负你，你一定去告诉老师，让老师批评他，千万不要和他吵、和他打"；上小学、初中、高中乃至上大学，开学前都要被一遍遍嘱咐"在学校一定要听老师的话"。我想，与我有着类似经历的人绝不在少数。我的一个亲戚出嫁时，疼爱她的爷爷语重心长地交代她"结了婚，要听公婆的话"。旁边的我闻听此言真是又好笑又好气，当然我并非认为听长辈老师的话就是错误的，而是反对家长们代代沿袭下来的对权威的无条件服从以及面对问题总仰仗权威解决的意识。

身处于纷繁复杂的社会，每个人即使是小孩子也会遇到种种困难和烦心事，老师、家长都不可能24小时全方位陪在孩子身边，让孩子具有自我保护能力和维护合法权益意识是必要必需的。我们不能让孩子把解决难题的希望寄托在别人身上，直接剥夺孩子自我思考、自我保护、自我反击的意识、能力。

在独生子女时代，家长们在此问题上的态度与传统已有很大区别。独子、独女们的爸妈生怕自己的孩子吃亏受委屈，往往教育孩子"谁打你，一定打回去"。一般情形下我个人认为这样的处理没毛病，人与人的关系与国与国之间的并无二致，欺软怕硬是人类共有的劣性，所谓"惹不起，躲得起"是根本不可行的。自我保护、正当防卫应该提倡，不然施暴一方会觉得被施暴方软弱可欺，以后会变本加厉。但我坚决反对家长无原则参与进来，甚至家长们以暴制暴，酿成不必要的事件。

正因为有上述的种种经历，在没有成为妈妈前，我就下定决心，将来自己一定做个温和慈爱、善解人意、尊重孩子的妈妈，一定要科学正确地教育孩子。只是未曾料到，自己养育女儿的过程更像是在赌气，和娘家、和婆家、和歧视女性的偏见……

经历一天一夜的折腾后，精疲力竭的我终于等到了渴望已久的小宝宝的出生，产房里却出奇地安静，娘家妈、婆母娘都默不作声，我知道她们因是个女孩儿不开心。这时心直口快的表姨大叫："快看，胎衣蓝莹莹的，下一胎肯定是个男孩儿。"我气不过，对大夫说"把宝宝抱过来我看看"。当小小的襁褓来到眼前，一个两眼大睁的小小婴儿霎时融化了我的心，我故意说道："好可爱呀！"从不习惯夸孩子的母亲"哼"了一声，对我如此直白夸自己孩子的行为表示不赞同不认可。婆母娘也以一句"自己都受罪死了还可爱呢"表明了态度。表姨更是直接劝说还未下产床的我"把这个小姐留家里别露面，再生一个，下一胎准定是男孩儿"。已经养成把闷气憋心里的我没有直接反驳，可我很清楚，我的争气赌气之战要开打了……

越是表面温顺听话的人可能内心越倔强，笔者就是典型。大家因宝宝不是男孩儿而有些闷闷不乐，我就和大家对着来，偏要越发怜惜宠爱宝宝。于是在养育女儿的岁月里，与家人包括我的先生的矛盾冲突不断上演……

光阴荏苒，时光如梭，转眼女儿硕士已经毕业。回顾这些年对女儿的培养教育、爱护照顾，我也在总结反思。父母出于本能会抚育照料孩子，但父母并非天生的教育家，我希望通过概括自己的得与失，能够为其他年轻的父母提供借鉴，共同培育好祖国的花朵、家庭的希望、社会的未来。

从好的一面来讲，我对女儿的培养教育有以下几个值得肯定的地方。

第一，尊重孩子，和孩子平等相处，对孩子有足够耐心。

也许是为了通过自己的行为来反抗反驳母亲，我对女儿的教育完全建立在平等协商对话的基础之上，吃什么饭、穿什么衣、报什么兴趣班、周末去哪里玩，我都尽量争取孩子的意见，不强迫孩子做不喜欢的事情。女儿和其他孩子一样，问问题也总爱打破砂锅问到底，我能够始终耐心回答，而且不知就老实回答不知，然后和女儿一起寻找答案。虽然因此被母亲扣上"没大没小"的帽子，亲戚们在背地里也议论纷纷，说我特别溺爱孩子，但我不为所动。这些年我和女儿和睦融洽，无话不谈，沟通交流顺畅。我家先生甚至又调侃又吃醋地说我和女儿是闺蜜级母女。

第二，不吝啬赞美之词，对女儿取得的成绩适时夸奖。

女儿被评为"三好学生"、绘画得奖、作文竞赛得奖、考上好高中好大学，我都予以积极正面的肯定和赞扬。她从小到大获得的各种奖状、荣誉证书、奖章等我至今都保存完好。小时候她画的水彩画、水墨画等我专门贴了一面墙，让她产生自豪感，对画画更有兴趣和信心。

第三，学习学业上多鼓励、多启发、多引导，从不讽刺挖苦打击，注重激发她内在的学习动力。生活中发生矛盾冲突时，不以家长的权威来压制孩子，而是尽量走进孩子心里，理解孩子。

女儿在学习上遇到困难和挫折时，我不批评打击，更多的是和她谈心，分析原因找到症结，帮助她克服困难树立信心。小学二年级时一次数学考试，女儿因为分不清彩笔是文具还是玩具（因为女儿从小就拿彩笔玩，在家里墙上床单上到处涂鸦），结果考得不理想。我家先生对女儿考不好还不难过而十分生气。但我能理解，懂得这是女儿在故作轻松，其实她内心很苦恼。我的分析让女儿很感激，她觉得妈妈很懂她。我也从不强迫孩子学习，而是激发她内在的学习动力，让她自己愿意学，从学习中获得满足感和成就感。

刚上高中时，女儿有一段时间迷恋 cosplay（costume play，角色扮演或服饰装扮），时不时上网购买 cosplay 服装，并且还和同学们排练 cosplay 小剧目。这让她爸爸非常愤怒，觉得女儿不务正业。我分析说，女儿刚上高中不适应，从初中时名列前茅突然降到中不溜儿，自信心备受打击，所以通过 cosplay 重拾信心，挣得在同学们中的威信和面子。我的分析让女儿很信服。然后我和先生一起开导教育女儿，高中时间宝贵、高考压力山大，决不能因 cosplay 耽误学业。cosplay玩得好未必能够带来自信和满足，而脚踏实地勤奋刻苦学习最终迈进理想的高等学府，才不会给自己人生的这一阶段留下遗憾，一定要找好业余爱好与课业之间的平衡点。女儿十分认可我们的观点，没有因业余爱好影响学业。

第四，引导鼓励女儿多读书、读好书，拓宽知识面。

女孩子普遍具有语言天赋，女儿九个月大时，有一天我送别一位来访客人，临走说了句"再见"，这时女儿也轻轻说了声"再见"，我惊喜之余更激发了培养女儿成才之心。但我培养女儿之措施与我母亲培养我之方法截然相反（依据心理学，什么都和人家不一样也是模仿——另类的模仿）。我深知强迫学习的痛苦，所以我更多采取了激发孩子内在学习动力的手段。在女儿一岁多已经会说囫囵话、语言表达比较清晰之后，我就开始教她背短小的古诗，并且用最简单的词汇来讲解诗中的意思。给她讲很多小故事，指导她折纸、做贴画。女儿至今还对我和她一起做手工、给她讲故事、教她背古诗的情景记忆犹新。幼儿园时期我就给她买了很多故事书，等到上小学后，我陆陆续续又给她买了很多中外名著的少儿版。这些书我也会通读一遍，然后等女儿阅读完，我们娘儿俩一起讨论交流一下阅读心得等。我和先生还经常鼓励孩子把听过的看过的故事讲给同学、朋友听，借此锻炼女儿的表达能力。所以女儿对读书写作的兴趣十分浓厚，口头及文字表达能力也很强。

第五，读万卷书不如行万里路，带女儿游历祖国大好河山。

从女儿三四岁起，爱好旅游的先生和我就带着女儿到处旅游，开阔女儿的视野、增长女儿的见识。从嵩山、泰山到黄山、云台山，从喀纳斯、吐鲁番到山海关、天涯海角，从兵马俑、始皇陵到西子湖、秦淮河，从滇池、洱海到黄龙、九寨沟，从紫禁城、黄鹤楼到西双版纳、避暑山庄……这样的游山逛水对女儿的影响是潜移默化的，她的历史、地理成绩始终名列前茅。

第六，作为一个女孩子的妈妈，我认为自己教育孩子最应该被认可的是对女儿"四自"精神与家国情怀的灌输和培养。

虽然女儿出生时，新中国已经建立了近半个世纪，但两千多年男尊女卑的封建思想依然根深蒂固。严格的计划生育政策，更强化了国人对男孩的渴求。虽然党和政府从政策法律层面对女性给予了诸多照顾，但重男轻女的习俗传统非政策法律能轻易改变，中国社会离女性友好型社会距离还很远。按照老家的风俗习惯，男孩儿的胎衣要埋在院子里，寓意将来顶天立地、支撑门户，可是女孩子的就被扔掉了。女儿出生后，前来探望的众亲友在祝贺的同时，往往还要加上一句："把孩子留给你婆婆照看，到单位就说孩子没了，再生个男孩儿。"还有一位远房亲戚人未进房间，走廊里就听到她哈哈大笑："瞧这姊妹几个，一人一个闺女。"（大表姐、二表姐、三表姐和我四姊妹）。更有一个女性亲戚话里话外显摆自己生的是个男孩儿，并总结性表述还是男孩儿能够顶门立户，女孩儿不行。躺在床上的我思绪万千，想到如果外婆还在世，会不会又要眼泪汪汪（当年大表姐、二表姐相继生下女孩儿，外婆就难过得哭了好几场）。我还想到为了要生儿子就诅咒女儿是何道理，但我想的最多的是如何争口气，如何好好培养女儿成才，如何与歧视女孩儿的现实做斗争……

为了让女儿从小树立起自尊、自信、自立、自强的精神，我没有摆出高高在上的家长姿态来训斥训导女儿，而是从她懂事起就通过讲故事、举例子等方式让"四自"精神在女儿心中扎下根。幼儿园时我就教她背《木兰辞》，给她讲木兰从军的豪迈故事。后来，又给她讲过古今中外许多优秀女性的故事，缇萦、蔡文姬、班昭、武则天、李清照、秋瑾、向警予、赵一曼、申凤兰、居里夫人、夏洛蒂·勃朗特、玛格丽特·米切尔、卓雅等，更是经常从我的姥姥、姨姥姥等旧社会女性的悲惨经历让女儿明白"四自"精神对现代女性的重要性和必要性。我自己特别喜欢近代史，尤其关注女权运动，对近代涌现出的女权主义者以及五四运动后觉醒的女作家们特别崇拜。我一点一滴、润物细无声地用我的思想和观念来引导女儿。在西子湖畔和绍兴古城，我和女儿拜谒秋瑾墓、参观秋瑾故居，共同抒发对这位巾帼英雄的敬仰之情；在武汉辛亥革命纪念馆，我给女儿讲起了唐群英、张汉英、沈佩珍等女权先辈们的事迹，也分析慨叹时代给她们造成的局限；在北师大校园，石评梅、庐隐、苏雪林、陆晶清等是我们聊不完的话题；中山陵下、雨花台前，仁人志士的光辉业绩震撼着激励着我们……我还把秋瑾的诗"休言女子非英物，夜夜龙泉壁上鸣"送给女儿当座右铭。所以女儿自小就很要强，巾帼不让须眉的意识深深镌刻在她的头脑里。初中时喜好时尚的女儿漂亮衣服不断更换，有男同学开玩笑说："你学习这么好，又这么能花钱，将来谁敢娶你，谁又能养得起你？"女儿立刻回道："我干吗要男人养，我自己不能养自己吗？"女儿还有着满腔家国情怀，内心深处对祖国有着深深的眷恋和热爱。

我深知言传不如身教，为了给自己争口气、给女儿树立榜样，虽然因先生常年驻守在工地我独自承担了全部家务，但在单位我也是不甘落后、努力奋进。女儿小学时有一个周末，我备完课后又复习职称英语忙得团团转，女儿自己在一旁画画玩玩具。等到告一段落后我才猛然发现已经一点多了，连忙起身对女儿说："饿不饿，我去做午饭。"女儿惊喜地一蹦三尺高,欢呼雀跃道:"妈妈不学习了,妈妈可以给我做饭了!"顿时,我的眼泪涌出了眼眶……

我坚信,有了"四自"精神与家国情怀的滋养与灌溉,女儿定能走好自己的人生之路。

以上是我对自己教育女儿积极一面的总结。我曾拿着我的总结给女儿浏览,女儿看后提意见道:"妈妈,你把最重要的两点遗漏了。"原来在我眼中觉得理应如此的行为,竟让女儿感动并牢记在心。

第一,女儿认为我对她的陪伴是很多家长无法比拟的。

女儿小时候,先生一个月甚至一个季度才能回家一趟,往往住一晚黎明就又回工地了。抚养照顾女儿的重任全落在我的肩上。女儿小时候有一句名言在亲朋好友中传为笑谈:"小朋友们的爸爸我全都认识,我爸爸小朋友们全都不认识。"所以无论是弹琴、画画、做手工还是吃饭、读书、做作业,陪伴在她身旁的都是我。我希望女儿多才多艺,征询她的意见后报了不少兴趣班,周六周日舞蹈班、绘画班、电子琴班、书法班等排得满满的,我不仅来回接送,还始终等在教室外,课间给女儿送上水、零食、快餐等。女儿上初中前,虽然我已经是教研室主任,但因为无需坐班,所以除了上课,其他时间可以自己支配。但2009年以后,随着职务的变化,责任更重了,作为双肩挑人员,上课之外还要坐班,我更忙碌了。每天我过得都像打仗,早上五点起床做早餐,自己随便吃点儿就去赶班车。晚上坐班车到家后再去接回上晚自习的女儿。女儿上高中住校后,虽然不用每天接送,但周三下午探望的时间我都尽量前往,和女儿说说话、聊聊天儿。高考前半年我在学校附近租了房,陪女儿渡过紧张的备考时光。早上给她做好饭我再赶公交上班,晚上给她做些夜宵补充营养，烧好热水让她泡脚，陪她拉拉家常、疏导疏导，缓解一下她的学习压力。女儿说她永远忘不了从小到大，无论寒冬暑夏我的温暖陪伴。

第二，女儿说我和她爸爸在学业和生活上对她一贯的信任、鼓励和支持，也最让她难以忘怀。

女儿小学报了不少兴趣班，但从未上过补习班，更没上过奥数班。中考后，许多家长都让孩子提前报班学习高中的数学、物理等课程，但那个暑假，我和先生带着女儿在东北玩得不亦乐乎。谁知高一第一学期下来，女儿的数学成绩直线下降。原来，数学老师认为既然大多数学生都已经学过，没必要重复教，因此课程进度非常快，并且也从不批改学生的作业。女儿学起来非常吃力，自己焦虑不安，不知所措。我先生理工科出身，数理化基础非常扎实，他给女儿讲解梳理知识点，批改女儿的数学作业，帮助女儿树立信心。女儿说，没有爸爸在数学上的悉心辅导，她的数学成绩不可能稳步提高。

还有一件事情女儿也特别感激父母。高一时有一天晚自习后，女儿在寝室里画 cosplay 小话剧的演出海报，因为边画边和另一个 cosplay 爱好者聊天，结果影响到别的室友休息。有一个室友把状告到班主任即那位数学老师那里。数学老师十分生气，对女儿做出一个星期不许住宿舍的处罚。女儿说她当时很害怕，因为一般家长遇到此种情况肯定会勃然大怒狂批孩子，但她没想到我和她爸爸知道后并没有劈头盖脸训斥她，而是先向她问清事情的来龙去脉，然后指出她的错误即不该影响室友休息；但同时，我和她爸爸都认为这个室友也有不对之处，此事完全可以同学间直截了当说开来，不该背后打小报告。另外，数学老师应该先批评教育，怎么能直接不让住宿舍呢？女儿说，我和她爸爸还让她今后注意遵守宿舍纪律，与那个告状的室友间也仍然要保持友谊，对数学老师也不要忌恨。接下来那一星期，我和她爸爸每天晚自习后接她回家，第二天一早又送她上学。女儿说，我和她爸爸对这件事情的处理让她感到非常温暖，心里非常踏实，觉得爸爸妈妈是她最坚强的后盾。

女儿还说，初高中阶段，她的学习时有起伏，但我和她爸爸从没有讽刺打击，对她总是充满信心，一再鼓励，所以她才越来越有自信。女儿说她的自信和阳光来自于爸妈始终如一的支持与鼓励。

女儿说这些时都流泪了，我也听得热泪盈眶……从小我就常对女儿说，妈妈对你的付出不需要你回报。可是此时此刻我知道我已经得到了回报……

对比我自己所受到的家庭教育，我对女儿的教育也有许多不足与失误，这里也反思总结如下。

第一，民主有余、原则不足，未能让孩子养成早睡早起、勤俭节约的好习惯。

我自己受到了太多的束缚和压制，所以对女儿的教育有点矫枉过正，过于民主与尊重，坚持原则不够。小孩子做事的自律性与自觉性差，需要父母监督指导。尊重孩子不是放任孩子，好的生活习惯的养成并非易事，有时的确需要强制。我母亲生活习惯很好，每天早睡早起。在她看来，晚上熬夜、早上不起床简直是十恶不赦的罪行，所以从小要求我们早睡早起。至今我也没有睡懒觉的习惯。即使在寒暑假，我也是早早起床，买菜做饭散步。但女儿就不同了，无论我如何苦口婆心地劝说，她晚睡晚起的习惯就是改不了。想来这都是我在她小时候未能严格要求的缘故。

另外，就是勤俭节约的问题。女儿自小喜欢漂亮的衣服，总缠着我给她买新衣服，因为是独生女，我总是不忍心拒绝。而且我觉得自己学生时代在穿衣打扮上被父母严格要求必须艰苦朴素，除了小学时穿过漂亮时髦的衣服，整个初中、高中简直就是土老帽一个。初三时有一天和几个同学走在放学回家的路上，邻居一位阿姨老远就喊着我的名字说，"你又拾人家谁的衣服，穿着像个袍子"。我羞愧得无言以对，那种伤自尊的尴尬至今难忘。直到现在因穿着过于朴实还被同事亲友笑话，所以在穿戴上我对女儿很大方。有一年夏天接连给她买了七八条新裙子，女儿自己总结说："妈妈，是不是我一哼唧你就给我买了？"我曾对女儿说，"我对漂亮衣服有免疫力"。女儿立刻接话说，"漂亮衣服对我有杀伤力"。女儿的零花钱我也从没短过她。她大学毕业时我和先生开车帮女儿拉行李，光衣服就恨不能塞一车子。宿管阿姨看不过去批评我："干吗给孩子那么多钱，买这么多衣服，多浪费。"

我自己从前没什么零花钱，上大学才戴上手表，大学期间生活上也是能省就省。到现在，除了旅游，我在衣服化妆品上的花费寥寥无几，但是这样的勤俭节约作风硬是没能让女儿沿袭。

第二，对女儿呵护太多，恨不能大包大揽为她遮风挡雨，导致女儿内心不够强大，对父母依赖感强。

母亲对我的专制教育也并非没有好处。在训斥打压中成长起来的我抗挫折能力很强，内心足够强大，对父母的心理依赖几乎没有。虽然几十年来工作与生活中遇到诸多风风雨雨，有时甚至是狂风暴雨，但我都顺利渡过了。即使大家都嫌弃我生的是个女孩，我也没得产后抑郁症。这可能是专制高压教育的积极作用吧。对比下来，女儿自小备受疼爱，从身体到心理我都呵护备至，所以女儿有些娇气，内心不够坚强，对父母有着深深的依恋。我认为这不利于女儿在社会上打拼。

第三，女儿从小得到的关爱太多，自我意识过强。

虽然因是女孩，女儿的出生让老人们有些遗憾。但我作为家中长女，先生作为家中长子，女儿这个长孙女、长外孙女还是得到了两家上上下下亲人们的一致疼爱，而且女儿自小聪慧活泼、伶牙俐齿，更是让长辈们宠爱有加。尤其是我，根本不舍得训斥她，和女儿说话总是和颜悦色，不愿意让她受一点委屈，所以女儿也有着独生子女明显的缺点和不足。比如自我意识超强，不太会从他人的角度去处理事情，在集体生活中容易和他人发生不必要的冲突。传统社会上尊下卑的观念和行为方式对女儿的影响基本为零。这导致女儿刚上大学时不会处理复杂的人际关系，调整了好久才逐渐适应。

因此，对比母亲对我的教育和我对女儿的教育，二者没有绝对的正确，也没有绝对的错误。上文说过，为父为母不需要培训考核，初为父母之人并不知道怎样教育孩子是恰当的，往往不由自主会沿袭长辈们的教育方法或与长辈们背道而驰。而且每个人都会受到时代的限制和制约，社会大环境对家庭教育的影响显而易见、不容小觑。很长一段时间我对母亲充满怨恨，怨恨她的暴躁、她的专制、她的严厉、她的训斥，但是随着岁月的流逝，幸福温馨的家庭生活和平稳发展的工作事业，让我的心态越来越平和豁达，花开花落、云卷云舒，许多过往的烦恼与愤懑已随时光飘散，只留下风轻云淡、恬静释然。从家族历史、时代背景角度来看，母亲那辈人的教育也应该被理解、被重新认知。

母亲出生在妇女毫无地位可言的新中国成立前，在那个闭塞守旧的小村庄里，只有两个女儿的外公外婆深为没有儿子而苦恼愁闷。有着两个儿子的东邻居硬是挤占了外婆家的一块院地；有着五个儿子的西邻居兼远房亲戚则一而再、再而三地游说我的外婆，要将他的一个儿子过继给我的外婆，其觊觎外婆家产之心路人皆知。不识字但有着朴素权利意识的外婆坚决拒绝。老太太拿定主意要将祖宗留下的不多的家业留给自己的女儿。可是在充满封建宗法家族意识的农村社会，如何改变女性的悲惨命运，我的外婆并无妙方。1947年春天，解放的号角在家乡吹响。我的外婆、姨母还有我的母亲都并未意识到妇女的地位将会发生怎样翻天覆地的改变。在母亲九周岁那年，在驻村工作队的一再劝说下，我的外婆才将两个女儿送入了学校。从此知识的大门渐渐开启，两个农村姑娘走上了与祖辈完全不同的人生之路。虽然姨母小学没毕业就辍学回家干农活（这成为姨母终生的遗憾），但在不爱红装爱武装、妇女能顶半边天的时代里，我的姨母逐渐成长为十里八乡远近闻名的泼辣能干的劳动模范，也因此被组织选中去学习、去锻炼、去进修，后被提干，就连婚姻也是组织牵线搭桥与一位革命同志喜结不太随姨母心愿的良缘（这使我想起了《激情燃烧的岁月》）。而我的母亲则一路求学读到大专，毕业后成为一名高中老师，后因能力强、表现出色，一步步走上领导岗位。原本因为没生儿子而备受婆婆欺凌、亲友笑话的外婆从此扬眉吐气、腰杆挺直。

也许对奋发向上、改变命运有着太过深切的体会，姨母和母亲在教育子女上的高压专制如出一辙。那个年代，很少有人家是独生子女，姨母生了三女一男、母亲生了两女一男，所以小孩子没被当成心肝宝贝、小皇帝、小公主，而且封建家长制下浸润长大的母亲一辈人，不可能对小孩子的个体意志有尊重与爱护的自觉意识，打骂、责罚与训斥是许多家长共同的教育手段。晚年的姨母和母亲已经意识到了当年教育子女中的问题，只是好面子的她们竭力维护家长的威严，不肯也不会向子女承认错误，但透过她们对待孙子女、外孙子女的温和亲切，可以依稀窥见这两位女强人慈爱柔情的另一面。

母亲退休后在老家办了个幼儿园，总结以往三十多年教学生涯的得与失，办学之初她就决定要办一所真正意义上的提倡素质教育的幼儿园，让孩子们在唱歌、跳舞、手工、游戏等愉悦身心的活动中快乐成长，不以文化知识的学习记忆为主要教学模式。由于小朋友们没有像其他幼儿园一样，早早就学习了拼音字母和简单加减法，所以升入小学前的摸底考试中，第一批小毕业生们成绩不理想。家长们纷纷提意见，母亲虽然无奈地将教学计划进行调整，加入了原本小学生才要学习的内容，但素质教育的基本理念始终坚持坚守。经过近二十年的发展壮大，现如今，母亲亲手创办的幼儿园已经成为故乡第一大幼儿园。在素质教育理念培养下的一批批小学员的综合素质能力也得到了越来越多的家长和小学老师们的认可。

相比较母亲那代人，赶上了计划生育政策的我们面对着一颗独苗儿想不疼爱都很难。因此在物质条件、社会发展、父母心态等迥然不同的成长环境下的"80后""90后""00后""10后"使教育所面临的挑战更加严峻，如何上好人生第一课是父母们必须认真思考的事情。我们常说，不要让孩子输在起跑线上，其实，什么是起跑线，父母才是孩子真正的起跑线，父母的人品、见识、格局、视野等对孩子的未来有着至关重要的作用。与其说家庭教育针对的是孩子，不如说父母才最应该接受家庭教育。孩子们成年后有的积极进取、自信阳光；有的善良纯正、开朗豁达；有的乐善好施、交友广泛；有的飞扬跋扈、横行霸道；有的自私狭隘、目光短浅；有的左右逢源、奸猾狡诈；有的无所追求、美其名曰佛系人生……林林总总的特征特性固然有天赋秉性的缘由，但原生家庭烙下的印迹更不可忽略。因此，作为父母要注重自身的修炼修为，在现今终生学习的时代里保持奋斗上进之心、丰富精神世界、老老实实做人、认认真真做事，为孩子的成长、成人、成才提供良好的家庭环境并发挥示范与榜样的作用。倘若自己没有丝毫进取之心，浑浑噩噩、得过且过，把未来都寄托在孩子身上，这不仅难以让孩子理解、感恩，更有可能适得其反。那个被残忍杀害的高中生的母亲，自己没有工作，一心一意陪读。作为一个家庭妇女这本也无可非议，但由于这位母亲生活的全部重心和支点都在儿子身上，儿子是她全部的希望和未来，因此对儿子极为严苛，周六周日寒暑假等从不让儿子玩耍，儿子学习上稍一松懈，她的责备埋怨就随之而来。竞赛班本就比普通班更紧张繁忙，在母亲的步步紧逼下这个孩子压在心底的不满彻底爆发了，失去理智的他抛弃血脉亲情对母亲下了毒手。这个孩子的语文老师（后成为我女儿的班主任）在家长会上曾说过，她永远忘不了这位母亲得知儿子考试成绩名列前茅时满脸骄傲灿烂的笑容。这起惨案带来的教训太过惨痛，每提起都让人唏嘘感慨。父母子女一场乃是上天的眷顾、命运的安排，让我们都珍惜这来之不易的缘分，在这繁华喧嚣、孤独寂寞的世界里携手相伴、共同成长！

第二节　点滴记录与启示

一、小侄二三事及启示

1. 执着

不到三岁的小侄刀刀 2011 年春节前在我家小住。1 月 30 日晚饭后，刀刀在客厅大喊："姑姑，拿筷子来。"我不明就里，等拿了双筷子进入客厅，顿时恍然大悟。刀刀这几日吃饭，每每用筷子夹粥里的大红枣总是不成功，所以决定用茶几上糖盒里的糖块练习。我深为刀刀之创意折服，坐在他旁边，观察他如何操练……

两根长长的竹筷子在刀刀的小胖手里如同两根大棒（我初学织毛衣时，同学们也是如此评价）。刀刀左手夹不住就换右手，一只手不行就两手齐上阵，将一颗颗糖从一个糖盒夹入另一个糖盒，有时左右开弓、反反复复直至两手酸困还无法成功夹出送入，经常中途失手，每到此时总急得想掉眼泪，带着哭腔哼哼唧唧"夹不起来""夹不起来"。我在旁边劝说"别着急，不行就用手拿"，可刀刀总反驳"不行，手拿脏了"，埋头继续苦练。如此夹夹掉掉、掉掉夹夹、哭哭闹闹、委屈愤懑，他始终不肯放弃，甚至我已有些瞌睡，依然坚持着。十点过后，刀刀终于将最后一颗糖成功搬了家，心满意足地对我说："我去睡觉了。"

刀刀夹糖之典故，令他大姑我终生难忘……

由此可见这个孩子做事情的执着。

2. 自制力

2011年暑假，刀刀来我家。我在厨房做饭，刀刀拿一块酥糖进来问："姑姑，这是什么？"我答曰："酥糖。"刀刀小声重复一句"酥糖"后又说："我想吃呀！"我问："你妈妈让不让你吃糖呀？"刀刀回复："不让。"

我又问："那怎么办呀？"刀刀不假思索答："那就不吃呗。"我甚为感慨如此听话的孩子……

约一分钟后，刀刀又进厨房问："姑姑，这是什么？"我看后答：

"棒棒糖，乖。"刀刀接着道："我想吃呀。"我以商量的口吻询问："你妈妈不让你吃怎么办？"刀刀似乎早有答案："我不吃，你给我剥开，我光舔一舔。"

我不忍拒绝，将棒棒糖剥开递与他。刀刀接过舔了舔，心满意足地说："棒棒糖真甜呀。"我心想，小孩子偶尔吃一颗糖对健康不会有影响。正思量间，刀刀向客厅跑去，我一扭头，看见了已放进案板上小碗里的棒棒糖。天哪，可怜的小刀刀真的只是舔了舔……

由此可见这个孩子既听话又有自制力。

3. 感恩

2012年3月的一天与刀刀视频，我问刀刀："加拿大好玩不好？"答曰："好玩。"我又问："你想不想回中国？"刀刀不假思索地回答："我想去你家看你。"

我太感动了，备感温暖。

举以上几个很小的例子只是想说明，这样一个孩子特别惹人疼爱，教育起来不费心也不费力。

二、养花花草草的启示

我从小喜欢花花草草，小学一年级时，一次上学路上发现马路边一棵小草冒出的小米粒般大的嫩芽，顿时惊喜不已，小心翼翼将它挖出，宝贝般带进教室，放学又带回家。本想将它种在院子里，可遍寻大杂院，无它落脚之处，我只好将它安置在餐桌（一块方形石板）下的砖块里，结局可想而知……

后来，国家提倡种蓖麻支援社会主义建设，老师给每位同学发了蓖麻种子。我满怀报效祖国的豪情，兴冲冲回家准备大干一场，可塞了七八家的大杂院哪有种蓖麻的空间。我想去姨妈的独家小院播种，外婆不耐烦地说："你自己去找你姨说。"我惧怕姨妈，念头顿时被打消。然而抛开为国家做贡献不谈，老师布置的种植任务完不成怎么办？胆小的我无计可施，一再央求，反复念叨此乃老师下达的任务，如若明年交不上果实恐将难以过关。我的执着惹得大家恼火，一通奚落砸将下来："老师的话就是圣旨""老师×××（此处省略三个字）都是香的"。唉，我壮志难酬呀……

高中时家里花草之繁茂令我至今难忘。屋前的夹竹桃缤纷灼灼，盆中的太阳花摇曳多姿（每日数数开几朵是我的最爱，最高纪录一日开了39朵）。一株两米多高的月季不遗余力吐露着芬芳，还有那洁白的栀子、俊美的芦荟、朴实的牵牛、娇弱的含羞，即便以藤蔓为小小院落遮阴蔽日的丝瓜与眉豆，也是满架飘香，黄白花朵交相辉映……斯是陋室，满园温馨。

女儿六岁时，我们终于告别居无定所的漂泊，有了一套小小的两居室，我有机会满足自己对花草的渴望了。小小的阳台上出现了凤仙、玻璃翠、大叶兰等之身影，盆栽蒜苗也成为一道熟悉而别致的风景，可惜蜗居里难以大展宏图，不过，我内心的企盼从未磨灭……

女儿初中时，我们终于搬入新居，多年的梦想可以变为现实了。我开始往返于大小花市，虎尾兰、吊兰、含笑、夜来香、绿萝等一盆盆鱼贯入住；太阳花、大丽花、金丝梅、对对红、天门冬等一株株闪亮登场。我兴致盎然、乐此不疲，直至阳台、窗台已无花草姑娘们可安身之处方才罢休……至此，每日凝望满屋的花草，闲适与恬淡溢满胸怀。

时光荏苒、岁月流逝，转眼乔迁新居已近五年，工作的繁忙、家务的琐碎竟将绿叶红花冷落一旁，味如香蕉的含笑花早已香消玉殒，枝繁叶茂的大丽花也已枯黄干瘪，夜来香踪影全无，大叶兰奄奄一息，对对红苟延残喘，就连以生命力顽强著称的太阳花与金丝梅也已"化作春泥更护花"。那日先生一番嘲笑，认定我养花种草的本领不仅可与赵括领兵打仗的能耐相比，而且与好龙之叶公也有得一拼。面对满屋面黄肌瘦、营养不良的花草，在先生面前一向伶牙俐齿的我着实理屈词穷、无言以对。

我与先生清明节回家扫墓，去之前，我俩达成共识，一定要将家乡的沃土多带些回绿城（郑州之别称），给花草仙子们置换一下盆土，增添一下营养。于是返程的车上装了一大纸箱与一大桶的肥沃乡土。接下来的周末，我俩就"锄禾日当午，汗滴禾下土"了……

望着替换下来的足有两大编织袋的瘠土，我想起小侄刀刀在大姑我家里最爱的娱乐项目之一：拿着水枪对着花花草草猛烈扫射，并且美其名曰——浇花（从他大姑父我先生那里学来的）。但愿小刀刀暑假来探亲时，满屋的花花草草能以崭新的面貌、从容的姿态迎接这位不远万里、漂洋过海而来的最受主人欢迎的小小客人！

上述故事揭示一个真理：发自内心喜欢的事情，才愿投入巨大的精力去做，而且兴趣会持续终生。

三、旋转陀螺背后的启示

每每向亲朋好友说起我工作之繁重忙碌，大家总是不以为然，觉得大学又没有升学压力，能忙到哪里去。隔行如隔山，我无法详细解释，于是特以"旋转陀螺"为题将某年寒假过后不到两个月做的事情简单做了个记录。

开学至今未有喘息之日，细数下来甚为吃惊，除了课堂教学，竟还做了诸多工作，简单列举如下：申报省级教学改革项目（填表、汇报文稿撰写与 PPT 制作汇报）；申报教育厅学术技术带头人（填表与 PPT 制作汇报）；学校中青年骨干教师申报；学校教学名师申报；作为系教科研副主任，撰写先进科研单位申报文稿以及制作汇报的 PPT，撰写系部教学考核自评报告以及制作汇报的 PPT；参与教研室教学考核评选（笔者担任评委）；参与省级改革试点专业评选（笔者担任评委）；市社科联课题申报；校级豫企调研课题申报；校级豫商文化课题申报；省政府决策研究招标课题申报；公管系与成教院论文指导；撰写校级教学质量工程——精品课总结报告；撰写公管系专业发展规划；与市社联合作课题最后定稿；公管系校企合作材料总结；到工程学院调研；参与"3·15"法律咨询活动；参与"三八节"校级巾帼标兵座谈与娱乐活动；校级人文素质教育课程申报；家政服务专业人才培养方案修订完善；参加郑州市社会学学会；去年校级教研课题结项；今年校级教研课题申报；公管系师资队伍建设规划。

　　以上工作有成功也有失败，不过笔者心态尚可，基本能够做到胜不骄、败不馁，并且也会以饱满的热情迎接下面无尽而烦琐的工作。只是当时想到马上步入高三的女儿，颇多感慨，事业与家庭对女人来说实难兼顾，虽说女儿对此表示理解，可是作为母亲，怎能在孩子最需要支持之时，只顾自己的进步而忽略孩子呢？联想起《密战》中的武梅，真的很让人同情。人生如逆水行舟，不进则退！

　　受传统文化和现代文明的双重冲击和影响，我们这个社会对女性的要求也越来越高。有个段子虽显夸张，但很能说明问题：现代女性得"上得了厅堂、下得了厨房、杀得了木马、翻得了围墙、开得了汽车、买得起洋房（婚前个人财产归个人，你得自己买房）、斗得过小三、打得过流氓（如果被骚扰性侵可能会说是你自己的问题）、照顾得好孩子、摆得平婆母娘"。这可以说是现实的反映和写照。但作为女性，我们必须清楚，随着我们国家整体经济、文化、法治等综合实力的不断增强，在党和政府的正确领导下，我们相信对女性的保护水平也会越来越好的。人们常说，一个勤劳、智慧、优秀的女人，是决定家庭的优秀基础。一群庞大的勤劳、智慧、优秀的女人是决定一个国家整体素质提高的基础。我尤其想对女大学生们提出建议和希望，让我们秉承自尊、自信、自立、自强的"四自"精神，为建立妇女友好型社会而共同努力！

另外，从言传不如身教的角度讲，也正因为我一直在追求进步，一直在不懈努力，所以女儿也很要强，进取心十足。这比有些家长单方面给孩子施压，给孩子提出要求，但自己却慵懒懈怠不奋进的效果要好很多。

2019年1月18日，教育部部长陈宝生在全国教育工作会议上提出：要积极推动将家庭教育纳入基本公共服务体系，争取专门经费支持，通过家委会、家长学校、家长课堂、购买服务等形式，形成政府、家庭、学校、社会联动的家庭教育工作体系。我们期待着这一工作体系早日建成并运作起来。

第二章

成长成人成才之基石——基础教育

第一节 教师的积极作用与消极作用

人生最美好、最重要的儿童、少年、青年时期，都与基础教育密不可分。基础教育在一个人的成长过程中是不可替代的，而在传统的基础教育中始终处于主导地位的教师的作用更是举足轻重。因此，针对教师、针对基础教育，笔者也想谈一些心得体会。

孩子们小时候和大人们顶嘴的有力武器之一就是"老师说的"，而大人们挂在嘴边的也往往是"老师的话就是圣旨"。这足见老师在孩子心目中的神圣地位。古人曾云：一日为师，终身为父；为学莫重于尊师（谭嗣同《浏阳算学馆增订章程》）；国将兴，心贵师而重傅（荀子《大略》）；古之圣王，未有不尊师者也（吕不韦《吕氏春秋》）；古之学者必严其师，师严然后道尊（欧阳修《答祖择之书》）。李商隐的名句"春蚕到死丝方尽，蜡炬成灰泪始干"更被认为是对老师无私奉献的最佳诠释。至于"人类灵魂的工程师""辛勤的园丁""太阳底下最光辉的职业"等赞美之词更是深入人心、老幼皆知。的确，传统上处于传道授业解惑者地位的教师在学校教育过程中的作用是无法替代的。每个人从幼儿园、小学到初中、高中，至少有20位老师在人生之路上与我们交汇。除了家长，老师们对学生的影响同样深刻而深远。回忆自己学生时代所遇见的各位老师，也对比先生、女儿、同事、亲友等口中眼里所描述的众多老师，笔者在对教师们的辛勤耕耘致以崇高敬意的同时，也对教师们提几点希望。

第一，请牢记古训"良言一句三冬暖，恶语伤人六月寒"。

老师们可以批评学生、教育学生，但千万不要讽刺挖苦和嘲笑打击。具有天然血缘关系的父母亲人的责骂都会给孩子带来很多负面影响，而备受孩子尊崇的老师的轻视鄙夷、恶语相加对孩子们来说简直具有毁灭性。小学时，班上有个男生，个头不高，圆圆的脸蛋儿，长得十分白净，其成绩并不突出，在班里属于中等，但因是家中老小，深受全家宠爱，因此自信心很足。然而一次事件后，这个家人眼中的可爱宝贝彻底变了。事情的起因已不大记得，或是课堂练习，或是小测验，此男生做题中的错误惹恼了数学老师，原本性格就暴躁的数学老师那天愈发狂怒，连批带骂"笨蛋、榆木疙瘩、猪脑子、脑袋被狗啃了"，还一把将这个男生揪起来拽到讲台上，又一脚踹出老远。班里其他同学都吓得大气不敢出。那个可怜儿的男孩写满委屈倔强的通红通红的脸从此在我脑海里再也挥之不去。不久该男生就辍学了。想来在被老师辱骂体罚的那一刻，阴影就永远刻在了他的心中。

高三时班里来了个据说已经连考三年的复读的女生，无论上课下课她总是坐在座位上埋头学习，安安静静、不言不语。一日历史课上，老师让她回答问题，她有些局促不安、语无伦次。对她的漫漫高考路颇为了解的历史老师带着不屑的口吻说道："看你的窝囊样，都复习三年了还不会。"该女生课后整整哭了一下午，后收拾东西回家了，再后来听说嫁人了……

作为一个老师，《放牛班的春天》和《为人师表》这两部影片让我深受触动也深为感动。人们常说没有教不好的学生，只有不会教的老师。这两部影片应当是对此观点的最直观注解。大教育家苏霍姆林斯基曾说过，教育者的关注和爱护在学生的心灵上会留下不可磨灭的印象。老师一句鼓励的话语、一个关爱的眼神也许真就改变了一个孩子的一生。不抛弃、不放弃是老师们面对学生时的职责、义务、操守、良心。当克莱蒙·马修老师来到管教寄宿学校，当伊斯科兰特来到加菲莆高中，面对着一群调皮捣蛋、顽劣不堪甚至自暴自弃的学生，两位老师没有讥讽奚落，没有唾弃谩骂，没有放任自流，而是通过理性疏导、信任鼓励、激发斗志等方式终于将这群几乎要被学校、家庭、社会舍弃的孩子引到了洒满阳光的人生之路上。

所以，对教育者来说一定要杜绝讥笑挖苦学生，语言暴力的杀伤力有时是致命的。请不要吝啬赞美，多给予学生激励鼓舞吧！

第二，请平等公平地对待每一位学生。

平等公平写在法律条文里容易，落实在行动中和记在头脑里却很难。尤其是小学、初中阶段，不少老师的偏心偏爱给学生们造成了极大困扰。一般来说，听老师话、不调皮、学习好的学生最易得到老师关爱。笔者就属于此类学生中的一员。小学时，每过半学期都要调整一下座位，但我和同桌（现今的闺蜜）的座位从来不调整，一直坐在第一排正中间。班主任如此毫不遮掩的对我俩的偏爱让同学们背后议论纷纷。有一日，班主任检查作业，我因忘掉了一项作业没写完，内心紧张不安，但未曾想班主任什么也没说就放过了我，但我同排右边的男生就没那么幸运了，被老师批了个狗血喷头。可他发现了我的也没写完，于是向老师抗议。结果可想而知，恼羞成怒的班主任罚他在教室后边站了一上午。诸如此类被老师特别关照的例子简直不胜枚举，比如被选拔参加学校宣传队的是我和同桌，参加诗朗诵的还是我俩，参加校乐器队的依然是我俩……现在想来，当年班主任老师对我俩的偏宠已达到了无以复加的程度。年少的我俩不知深浅进退，从未意识到已引起众多同学的忌恨。同学们等待着机会把对老师的不满发泄到我俩身上。终于机会来了，各班要选拔一名市级三好学生，而且有一项特别要求，必须全班同学民主投票。最后结果不用问，我俩双双落选。班里一个默默无闻、成绩一般、但人缘很好的女生几乎全票入选。班主任傻了眼，我俩也面面相觑。

大二暑假时，在老家遇到了一位小学同学，在聊天的过程中，她调侃说，难怪当年老师们偏爱你俩，现在就你俩学习好、有出息，我们这些差生就不该被待见。从她的话里我分明听出那一丝丝醋意和不满。

在我的教书生涯中，有一个女生特别引起老师们的关注。她上课很认真，笔记记得详细完整，课间也经常问问题。老师们一开始都觉得她刻苦努力、勤学好问。但过了不到两个学期，大家发现有些不对头。按道理该女生如此奋进，成绩至少应该中等以上，但她一般都是勉强及格。这且不说，该女生总爱缠着老师，没有问题也要创造问题问老师，晚上一个接一个给老师打电话，哪怕聊的是些无关紧要的话题也要煲很久电话粥，有时半夜十二点还要打。原以为这个女生只缠我,后来才知道她几乎对所有任课老师都是如此。学校心理中心的老师告知我们,该女生小时候成绩平平,长期被老师忽视,上大学后极度渴望得到老师的重视与关爱,所以哪怕打扰老师的日常生活,也要黏缠老师。

如果在学校里学生们不能够被平等公平对待,小小年纪就要体会被冷落、被边缘化、被忽视的感受,就极易出现心理偏差。尽可能为学生们创造平等公平的学习环境是教师义不容辞的责任和义务。

第三,请老师们真正落实因材施教,不以成绩论英雄,善于发现每个学生的闪光点。

人与人之间存在个体差异,学生们的心智发育、秉性特长等均有所不同。恢复高考制度以来,在高考的指挥棒下,中国社会从鄙视知识、打压"臭老九"知识分子很快走向了另一个极端:对分数成绩的过度功利性追捧。以至于家庭社会学校、家长老师亲朋好友左邻右舍,对学生们的评价是那么整齐划一,似乎只要学习好、成绩棒,其他均可忽略不计。德智体美劳全面发展很多时候停留在口头和纸面。每每翻阅黑柳彻子的代表作《窗边的小豆豆》,我都不由感慨万千。黑柳彻子(书中的小豆豆),想法与行为都和其他孩子迥然不同的她在老师眼里显得过于调皮和淘气,她被退学了。理解、尊重孩子的妈妈为保护她幼小天真的心灵不受伤害,始终没有告知她真相,只说要给她换所学校。当她被妈妈领着走进巴学园的时候,她还不知,在狂热的军国主义笼罩下的日本社会,竟然还存在如此关心爱护学生、接纳认可学生、尊重理解学生、教学又那么灵活有趣的学校。她所遇到的小林校长是如此懂得孩子们的心理。如果没有温暖贴心的妈妈,没有心怀教育理想的小林校长,小豆豆绝不可能成人后取得如此超凡的成就。小林校长花费毕生心血办起了巴学园，他要在这里实践他的教育理念，实现他的教育梦想。巴学园尊重关爱学生，真正实现因材施教，针对不同学生的性格特点、兴趣爱好组织教学、因势利导、循循善诱；在教室里操场上、课上课下、校内校外润物细无声地培养孩子们的真善美、求知欲。虽然巴学园最终毁于战火，但巴学园的教育方法、教育理念，尤其是小林校长的伟大品格值得所有教育工作者学习。千军万马过独木桥并不是教育的根本目的，培养一个自食其力、身心健康的社会人才应是教育最基本的目标、要求。

第四，请老师们将重男轻女的旧思想从头脑中彻底摒弃，培养男生尊重女性的意识，为女生创造积极和谐的校园文化，为社会未来的文明发展进步发挥教师的引领指导作用，不要把歧视妇女的言行带进课堂校园。

优秀的传统文化我们要传承要发扬光大，但落后愚昧的封建糟粕必须斩草除根。尤其是为人师表的老师，更应该传播文明先进的思想和文化。我认识的一位高中校长，他判断一个班级成绩的好坏、未来高考是否有潜力的标准很独特：如果某班成绩前几名是男生，他就频频点头、啧啧称赞；如果前几名是女生则摇头叹气，觉得此班前景黯淡。还有一位高中班主任，经常对班里学生这样灌输：咱班女同学上上师专之类就行了，男同学们一定要考上清华北大。前文所述的那位认为我早恋的老师更是在班会上发表如此言论："苍蝇不叮无缝的蛋，女生们不要学得不三不四，将来人家哪个男人愿意跟你成亲？"我的一位教学一贯严谨的老师曾如此教导儿子："女孩们学习没后劲儿，你肯定能超过她们。"另一位教学经验十分丰富的老师更是这样总结：现在不少女孩子学习好，那是因为现今的教学模式适合女生不适合男生（似乎中国目前的教育模式和以往截然不同)。我的一些男性同事说起极个别女生的恋爱同居怀孕之事，一句又一句"现在有些女生就是贱"——貌似恨铁不成钢的话语背后透着对女性的彻骨鄙视与轻蔑。

在独生子女时代，众多独女户的家长们对女儿的未来有着深深的忧虑，因此倾其所有培养教育女儿，希望女儿将来自食其力、顶门立户。备受传统舆论歧视的所谓大龄剩女，正是女性自身能够独立生存，不需要通过婚姻依附男性的社会发展的表现之一。但封建思想毒害下的民众不惜通过舆论场将充满贬义的剩女一词强加给这些优秀女性，赤裸裸表现出对女性人格尊严的侮辱和贬低。如果说民众文化水平、道德修养参差不齐情有可原，但负有教书育人职责的老师们也如此歧视女性，女性友好型社会的构建、实现岂不是遥遥无期？

第五，请老师们不要将社会上的不良风气带进学校，给孩子们一个风清气正的校园环境。

我自己的父母曾经都是高中教师，我的高中、大学同学也有不少耕耘在小学、初中、高中的三尺讲台上，所以我深知基础教育教师们的艰辛与不易。多数教师都是起早贪黑、兢兢业业，虽然薪水并不丰厚，但面对学生依然倾其心血任劳任怨。但是也有极个别教师不注重修养修为，给教师这一神圣职业抹黑。比如有公然向学生家长索要礼品卡券的教师、有在班干部选拔和"三好学生"认定中暗箱操作的教师、有将魔爪伸向女生的教师等，虽是极少数，但这些害群之马的负面影响和危害结果却很严重。我们有义务为孩子们提供一个纯净和谐的校园环境。

也许有人反驳说，现今时代发展了，上文所说的各种不良现象已经基本不存在了。果真如此吗？小侄在加拿大读五年级，因准备与父母一起迁居澳大利亚，2018年春季回国暂住。为让小侄学习中文，家长安排他借读于老家一所知名小学。起初小侄兴致盎然，不久却生厌学情绪。问其缘由，小侄答看见老师就害怕，因为老师经常拿着教鞭敲学生的头或手，胆小的小侄常为此惴惴不安，唯恐教鞭落到自己身上。又一日，小侄回家甚是闷闷不乐，问明原因，原来英语课上被英语老师批评，指责他单词发音不准，从小较真儿的小侄不服气，辩解说自己发的是标准的美音。老师大怒，斥责曰："这是在中国，是在温县，就应该按我教的音来发。"小侄又委屈又郁闷，全家人闻听此言，顿时无语。

为使小侄在有限的时间内尽可能多地接触传统文化，弟弟弟媳特将小侄送到武术兴趣班学习太极拳，原以为不是文化课，小侄应该可以适应，未曾想兴趣班里发生的诸多状况依然令人无奈。一日教练带领小学员们观看比赛，小侄因为不专心观看而是撕纸玩被教练训斥，这事本无什么不妥，可随后发生的事情就让小侄耿耿于怀了。教练看见另一个小朋友也在撕纸玩却没有批评他，小侄不服就找教练理论，教练答曰："我和他关系很熟所以不批评他。"小侄顿时极为愤愤不平。平时在和小朋友们玩游戏时，小侄发现大家对定好的规则都不愿认真遵守，想尽一切办法钻规则的空子。这让认死理、讲规则的小侄很是受伤……诸如此类事例不胜枚举，令小侄提起上学、上兴趣班就一脸愤懑、不情不愿。

离开中国后，小侄到澳大利亚一所私立学校上学。从此每天高高兴兴上学、开开心心回家，就连感冒也不愿在家休息，坚持去上学（老师发现小侄生病，打电话让弟媳将孩子接回家了）。小侄再也不用担心可怕的教鞭、吓人的怒斥，还有那一群群没有规则意识的同学们了。

小侄短暂而糟糕的这段国内受教育经历让我十分难过。素质教育提倡这么多年，当教师和学校的教育理念、目标追求、教学方法手段依然换汤不换药，与几十年前并无二致时，我们能够对素质教育的成果有更多期待吗？提起精致的利己主义者，从社会精英到普通民众都愤愤不平，可为什么不反思一下这些精致的利己主义者都是怎么培养出来的呢？

从基础教育甚或幼儿园教育开始，我们是否应该反思，教育还存在什么问题？我们的教育是否太过追求分数、升学、名牌，而忽略了对学生成为一个公民、一个社会人应当具备的能力和素质的培养？当弑母的北大学子终于被抓获后，网络上对其犯罪根源的剖析文章铺天盖地，但愿大家都能够意识到，成为一个合格的公民、合格的社会人，才是教育最应当注重的目标之一。

第二节 对基础教育的几点建议

除了对教师们的上述几点不太成熟的意见和建议，针对基础教育我还有一些看法，这里斗胆提出来，以期能够起到抛砖引玉的作用。

一、加强优秀传统文化教育，为实现文化自信、传承中华文明发挥基础教育不可替代的作用

我认为应该进一步增加文言文和诗词歌赋等的教育。自20世纪初白话文运动提倡、开展以来，白话文对文化的普及、民众智慧的开启功不可没。但随着国民整体文化素质的不断提升，尤其是伴随

着"四个自信"的提出，我们应该重新认识文言文的价值和作用。言简意赅、语义精妙的文言文凝聚着中华文化最厚重、最悠久、最灿烂的历史和文明。多年来语文课本中极为有限的文言文作品，并不能对提升学生们的文言文水平有明显帮助。基础教育阶段，学生们用在英语上的时间远远超过用在中文经典作品上的。女儿曾经当作笑话给我讲一件事：她和几个大学同学去武侯祠游玩，对于文言文书写的景点介绍大家磕磕巴巴念不下来，后来干脆看英文的，结果一个个顺顺溜溜读了出来。同学们一致感慨，中国人英文比中文好。作为知名"985"院校的大学生尚且如此，可以推想普通民众的文言文水平能有多高。女儿说，对于经典史书她就喜欢读白话文版的，文言文的看起来太费劲，似懂非懂。岂止是大学生，包括我自己在内的高校教师，可以顺利诵读并理解经典文言文著作的能有多少？

自中央电视台举办《中国成语大赛》《中国诗词大会》以来，确实掀起了国民学习成语与诗词的高潮，但这依然凭的是个人兴趣爱好，不是自上而下的规范教育行为。我认为文化自信的体现之一就是重拾文言文的学习。在学生们记忆力最强的基础教育阶段，大量背诵经典文章、优秀诗词，对增强学生们的文化自豪感、陶冶学生们的情操、提升语言表达与写作能力都是大有裨益的。

再如软笔书法与硬笔书法的训练也不该忽视。与现今不论软笔还是硬笔书法训练都是课外兴趣班才学的不同，古代用毛笔写字是每个入学儿童的必修课。当我们面对明代赵秉忠的殿试状元卷时，那如同印刷出来的工整端正的书法让人叹为观止。外公曾说，他们当年只要识文断字，书法就拿得出手，为乡邻婚丧嫁娶写副对联、过年写副春联都不在话下。现在读书人很多，但整体书法水平不容乐观。在忙忙碌碌快节奏的现代社会，如果从基础教育阶段坚持练书法，对释放学业压力、舒缓紧张心理、构建平和心态等方面的作用都是不可小觑的。

另外还有珠算能力的培养。在电脑、手机、计算器早已普及的现代社会，老祖宗发明的珠算这一世界上最古老的计算机已远离我们的生活。2013年12月5日，联合国教科文组织正式将珠算列入人类非物质文化遗产名录。珠算的价值和魅力不应仅停留在目录里。我们应充分认识到珠算能力的培养在文化传承、计算、心口手脑协调、智力开发等方面的巨大作用，在基础教育阶段应补上珠算这一课。

二、对校园霸凌零容忍，为学生创设健康安全的校园环境

校园霸凌对学生的身心健康影响巨大。小学时，班里有两个唇裂的同学几乎天天被同学们欺负，或嘲笑，或推搡，或谩骂。小学没毕业，这俩孩子都辍学了，很难想象他俩的未来会怎样。当时，老师们从没有因为这事批评过霸凌者。班主任还对我们说，对那些咱们惹不起的可以躲得起。高中时班里有一位才貌双全的女生，因为性格稍显高冷，被同学们孤立（尤其是女同学）。我因为初中时有过类似经历，所以很能理解该女生的处境。但老师们没有一个去设法处理这种状况，反而在背地里当作笑话来讲。其实被孤立也是另类的受霸凌，如同家庭冷暴力一样。

随着互联网的发展，越来越多的校园霸凌通过网络被曝光。洛杉矶中国小留学生凌辱案发生后，很多人才意识到校园霸凌在美国竟然是犯罪行为。我国虽然没有专门针对校园霸凌进行立法，但是根据《中华人民共和国未成年人保护法》《中华人民共和国治安管

理处罚法》《中华人民共和国刑法》等法律法规，严重的校园霸凌事件在中国照样需要承担刑事责任。当然，这里并不是探讨校园霸凌的立法司法问题，而是学校该如何建立起完善的预防干预机制，尽可能杜绝校园霸凌事件的出现。

首先，学校得重视校园霸凌问题，经常开展法治宣讲，让学生们知道校园霸凌是违法犯罪行为，要受到法律严惩。其次，教师必须对学生一视同仁，公平公正对待每一个学生，不以成绩、家境等论英雄，不孤立、不排斥任何一个学生。最后，加强师生之间、学校家庭之间的信息沟通交流，发现霸凌的苗头就要连根拔起，不给它肆意生长的任何机会。

三、注重学生们的心理健康问题，即使在基础教育阶段，也应开设心理健康相关课程或设立心理健康中心机构

大学开设心理健康课程或设立心理健康中心已经司空见惯，但在基础教育阶段却很少见。实际上许多大学生并非上了大学才出现心理问题，而是大学之前负能量就已经在积累。基础教育阶段因为升学、家庭、情感等各种原因，许多学生存在不同程度的焦虑、压抑、悲观等负面情绪，如果长期得不到有效疏导，累积下来极易出现抑郁、狂躁等精神疾病，因此尽早开展心理健康教育等预防干预措施是非常必要的。

第三章

成长成人成才之关键——高等教育

经过十二年的寒窗苦读，莘莘学子终于迈进了大学的门槛。突然没有了高考的压力，不少学生陷入迷茫，似乎失去了前进的方向。有的沉湎于网络游戏，有的热衷于花前月下，能够树立明确具体奋斗目标，并持之以恒为之不懈努力者是少数。其实，高等教育才是学生们进入社会前的关键阶段。这一阶段，学生们需要为将来的职业生涯与社会角色做好专业技能与综合素养的准备。专业技能自不待言，综合素养则内涵丰富，除了身体健康与心理阳光，还有道德水平、职业操守、法治理念、人文修养等方面的要求。但显然，许多大学生并没有很好地进行准备。这既有过往应试教育的原因，也有现今高等教育本身的问题。

高等教育不单是知识传授，更重要的是要为学生们的成长成人成才提供支持和帮助。如何提升学生们的专业技能，如何提升学生们的综合素养，笔者作为一名高校教师和院系教学管理者，多年来也一直在摸索和实践。学生们能力与素养的提高虽然不是靠一节课、一门课、一个老师就能完成，但与每一节课、每一门课、每一个老师都息息相关。这些年，笔者主要讲授的课程为经济法和知识产权法，也亲自论证申报了法律事务专科专业、家政服务与管理专科专业以及知识产权本科专业，参与了知识产权管理专业的论证建设，并且也是经济法教学团队、知识产权科研创新团队的负责人，对专业人才培养方案的制定、课程体系的构建、团队的建设、课程教学改革、教材的编撰选用、实习实训基地建设等教育教学全过程非常熟悉，持续进行了探索与研究，取得了一批教科研成果。大学生们的成长成人成才也正是通过专业的设置发展、人才培养方案的修订完善、校企合作的加强、产教融合与第二课堂活动的开拓、教学改革的持续进行、校园文化建设等教育教学全过程来实现的。因此，笔者结合自己这些年来的教科研成果，把自己如何提升大学生们综合素质与专业能力的心得体会以及具体做法展示给读者，希望起到抛砖引玉之作用。

当然，自己作为一名法学专业教师，教科研成果多与法学类专业相关，但笔者认为，无论是何专业，高校对大学生们的成长成人成才之支持与指导的目的是一致的，教师们教书育人的方式方法也是可以相互融通、借鉴的。

第一节　课程教学改革的思考与实践

如果问什么算是好的课堂教学模式，恐怕会众说纷纭，因为仁者见仁智者见智，尤其在信息时代，曾经以知识传授为目的的传统教学模式在互联网时代被广泛质疑，恪守传统被认为不思进取、不求创新、与时代脱节等。不少人认为学生们逃课旷课、上课玩手机等表象只不过是传统教学模式跟不上时代步伐的体现之一。对此我自己也在反思。从教近三十年来，我的教学经验越来越丰富，教学内容也努力做到与时俱进，不断更新，但学生上课低头看手机现象始终难以杜绝，确实感到学生越来越难教。教师教、学生学的传统教学模式需要改进，但是我个人认为，传统课堂教学模式的优势应该继续发扬，师生面对面系统科学地进行理论知识学习和实践能力锻炼，能够直接沟通交流的效果显然非单纯线上教育能比。但课堂教学的方法、手段乃至目的较之以往的确应该进行变革与创新。"授人以鱼不如授人以渔"的古语在今天的高校课堂依然具有很强的现实意义。针对自己担任的课程笔者也进行了不断的探索和实践，取得了一定的效果。

一、经济法课程教学改革的探索实践

经济法这门课，我已经教了二十多年。我所在的学校曾经是以经济学和管理学为主的面向商贸流通领域的普通高等专科学校，自1984年升格为大专以来，率先在省财经贸易类院校开设了经济法课程，现今经济法课程已经成为校内会计电算化、电子商务、市场营销、工商管理等十多个专业的专业基础课。2013年河南商业高等专科学校升本之后，经济法课程依然很受重视，专业核心课的地位毫不动摇。但随着应用型本科院校对高素质应用型人才培养目标的日渐重视，经济法课程教学中的不足日益凸显，因此加强经济法课程教学改革的研究，以适应学校培养目标的要求，是十分迫切且具有现实意义的。我把这些年经济法教学进行梳理思考总结，提出意见建议供大家参考借鉴，将对提升经济法课程的教学水平、提高学生学习的积极性与主动性，实现经济法课程的教学目标起到积极的作用。

为使经济法的教学改革与研究更具针对性，我曾经对经济法的教学情况展开了问卷调查，共向两个年级的营销、连锁、文秘、电子商务、工商管理五个专业学生发放调查问卷258份，收回有效问卷250份。我对有效问卷经过认真整理，结果总结如下。

第一，对经济法课程的重要性，认为"很重要"的有168人，占67.2%；认为"比较重要"的有76人，占30.4%；认为"一般"的有5人，占0.2%；认为"不重要"的为0。

第二，经济法对所学专业是否有帮助，认为"很有帮助"的有153人，占61.2%；认为"有一定帮助"的有96人，占38.4%；认为"没任何帮助"的为0。

第三，通过经济法学习，希望掌握哪些知识，选"合同起草订立"的有233人，占93.2%；选"公司章程起草"的有184人，占73.6%；选"仲裁申请写作"的有123人，占49.2%；选"起诉状写作"的有146人，占58.4%；选"商标注册知识"的有190人，占76%；选"专利申请程序"的有137人，占54.8%；选"其他"的有62人，占24.8%。

第四，对经济法的教学方法，认同"课堂讲授"的有113人，占45.2%；认同"模拟法庭"的有82人，占32.8%；认同"真实案例分析"的有175人，占70%；认同"真实与虚拟案例讨论辩论"的有152人，占60.8%；认同"相关案例影音资料播放"的有159人，占63.6%。

第五，对经济法教学希望有哪些方面的改进，选"教学内容"的有72人，占28.8%；选"教学手段"的有147人，占58.8%；选"教学时间安排"的有52人，占20.8%；选"考核方法"的有55人，占22%；选"其他"的有26人，占10.4%。

第六，对所在班级经济法教师的评价，选"很满意"的有214人，占85.6%；选"比较满意"的有36人，占14.4%；选"一般"和"不满意"的为0。

第七，对经济法任课教师的建议，选"教学时有一个由浅入深的渐进过程，知识更容易让学生接受"的有35人，占14%；选"教师讲课时多举案例，同学会听得明白也会提高对这门课的学习兴趣"的有136人，占54.4%；选"与同学多交流，形成一种互动式教学，避免满堂灌现象"的有98人，占39.2%；选"应重视影音资料配合教学"的有149人，占59.6%；选"其他"的有13人，占0.52%。

通过问卷结果可以发现，绝大多数学生对经济法课程的重要性、该课程对专业学习的帮助、任课教师的授课水平都是持肯定态度的。并且还反映出，学生们希望通过该课程学习达到的目的也有高度一致性。同时，学生们还对经济法的教学改革以及任课教师也提出了具体的意见与建议。除针对学生进行问卷调查外，笔者还曾对一些兄弟院校进行了走访调研，了解他们的经济法教学情况，并及时进行了总结交流。笔者对经济法课程教学有如下认识。

第一，根据经济法课程特点，围绕学生法律素质技能的培养与提高来设计课程内容。

与其他课程相比，经济法具有以下几个显著特点：一是经济法作为独立的法学部门，涉及面广，内容繁杂，因而教材内容也涉及极广，几乎覆盖了所有经济管理工作的全部业务范围；二是经济法的动态发展比其他学科更加快速；三是经济法的理论抽象性和实际操作性都很强。同时，作为专业基础课的经济法教学与作为专业课的经济法教学（法律类专业等）本身也存在明显差异。它在课程设计、教学内容、教材建设、教学方法与手段、实践教学、实习实训等各个方面与经济法专业课的要求是不一样的。经济法课程涉及的法律法规众多，在教学中不可能将全部的条文一一介绍清楚，因此教师必须针对不同专业学生的特点，有选择、有重点地加以介绍。比如，对于工商管理类学生应重点介绍各类市场主体、市场管理方面的法律；对于经济管理类学生应重点介绍公司法方面的法律。这就要求教师在教学中不断地探索、不断地改革教学方法，对每一章节的内容都要进行精心的设计与安排，以提高教学质量。对此，我组织法律课程教师本着必须、够用为原则，经过研讨，将专业基础课程的经济法分为以下五个主要模块：第一，市场主体模块，主要包括个人独资企业法、合伙企业法、公司法、外商投资企业法、全民所有制企业法、破产法等；第二，市场行为规则模块，主要包括合同法、担保法等；第三，知识产权模块，主要包括商标法、专利法、反不正当竞争法等；第四，市场监管模块，主要包括消费者权益保护法、产品质量法等；第五，程序模块，主要包括仲裁法、诉讼法等。

这几个模块对非法律专业学生的法律素质与技能的培养提高密切相关。第一个模块可以让学生了解各种市场主体的特点，以及各种市场主体入市与退市的条件与要求，学生未来在就业或创业时，对此问题可以做到心中有数、一目了然。第二个模块可以使学生掌握合同订立的方法、知晓格式合同和普通合同履行中应注意事项、懂得合同效力的认定、了解合同的各种担保措施等，学生在未来的工作和生活中遇到合同与担保问题能够迎刃而解。第三个模块可以使学生了解掌握商标注册条件、商标注册程序、商标管理制度、驰名商标保护、专利授予条件、专利审批程序、强制许可制度、知识产权不正当竞争行为类型等,使学生避免成为知识经济时代的落伍者,在未来的市场竞争中因缺乏知识产权保驾护航而败下阵来。第四个模块使学生明白作为消费者时有哪些权利和义务、作为生产者时又有哪些权利和义务。第五个模块使学生了解掌握仲裁和诉讼的规则步骤,在未来的生活工作中遇到纠纷,知道如何通过法律途径来维权,会写仲裁申请或起诉状。

我和其他法律教师们紧紧围绕这五大模块开展教学,根据学生专业不同,分别有所取舍,使学生们在短短一个学期内,重点掌握模块内核心内容,真正能够学有所获,学有所得,迅速提升法律知识水准与技能。

第二,根据经济法课程特点,打造一支高素质、双师型的教师队伍。

法律制度的概念、条文、原则等高度抽象概括、逻辑严谨缜密,尤其是经济法课程,内容多、涉及面广。学习经济法如没有掌握众多抽象知识与理论,没有扎实的法律知识理论基础,缺乏全面理性逻辑的思维,现在及未来遇到法律问题或法律纠纷时还是会不知所措、举步维艰。如何结合学生实际开展教学,让学生短期内掌握五大模块所涉及的法律知识理论,同时能够学以致用,对教师的知识、素质、能力提出了很高要求。为使教师能够适应教学要求,笔者认为打造一支高素质、双师型的教师队伍是迫在眉睫的。具体做法主要有:

(1) 经济法教师应根据学生实际深入浅出讲授理论,因材施教实施研究型教学,全面提升教学水平,把刻板晦涩的法律理论用通俗易懂的语言幽默风趣、深入浅出地介绍给学生。这需要教师既有深厚的理论功底,又有高超的教学技巧,对法律知识与课堂教学有很强的驾驭能力。这不仅是经济法教学的要求，更是这个时代对教师的要求。经济的腾飞和科技的进步使经济法律制度不断发展变化，经济法的教学绝不能一成不变。同时，教师不能局限在教材的条框中，应注重内容的新颖性和前瞻性。高科技对相关经济法律带来的挑战与争议，已在相关领域专家与学者的研究成果中不断显现，如计算机与通信技术的发展对证据模式的冲击、生物技术对专利的冲击、科技发展对消费者的保护问题等。教师既要讲授基本理论和现有立法内容，又应指出现有立法的不足与缺陷以及今后的发展方向，还要将该领域研究的最新成果乃至探索中的问题展示在学生面前，通过启发与引导，使其能以发现、批判、探究的眼光对待经济法的学习，激发学生学习经济法的兴趣与热情。

（2）经济法教师应努力发展为双师型教师，在人民法院、律师事务所、法律服务所、企事业单位等实际部门通过挂职锻炼、校外兼职、社会调研等各种形式进行考察、学习、锻炼，提高自身实践能力。经济法作为一门理论性与实践性都很强的课程，要求教师既具备扎实的理论功底，又具有丰富的实践经验，对相关立法与司法、执法实践中存在的问题与不足有敏锐的洞察力，唯有如此，才能真正把握这门课的精髓，从而在"传道授业解惑"时游刃有余。而现今许多高校教师都是从学校到学校，实践操作能力十分欠缺。在此情况下，要想提高学生们的实际动手能力教师就要在实践教学方面有所创新。

在全体法律专业教师的不懈努力下，目前河南牧业经济学院（以下简称"我校"）法律专业教师双师型比例达到50%以上。法律专业教师课余或多或少都参与了案件的仲裁或诉讼活动，并且能够结合自己的办案经验来充实教学，同时指导学生的实习实训活动。

法律专业教师和校工会还曾合作成立了法律咨询中心，课余为学校以及广大教职工提供免费的法律帮助，在婚姻家庭纠纷、继承赡养纠纷、合同纠纷、交通事故纠纷等诸多方面为大家排忧解难，既帮助了大家又锻炼了自己。现在，法律专业教师中常年担任学校法律顾问的有6名。总之，双师型教师队伍的建立使经济法的实践教学有了强有力的师资保障。

第三，根据经济法课程特点，进一步加大教学改革力度，提高理论教学与实践教学的效果。

学生们由于经济法基本理论知识的薄弱和欠缺，在实际生活中遇到经济法律问题时往往很茫然（比如常见的借贷纠纷），只好反复咨询老师。这些现象洽洽说明了法律理论指导的重要性与必要性，所以经济法的理论教学应进一步加强。为提高理论教学的效果，教师必须加大教学改革力度，针对非法律专业学生的经济法教学必须形成自身鲜明的特点，理论教学必须深入浅出、通俗易懂。教师可以从以下方面入手：

（1）理论讲授以案例导入法为主，以制造悬疑的方式徐徐展开理论探讨，在不知不觉中传授相关理论知识。如讲授合同法时，以生活中一个真实的商品房买卖合同纠纷入手，通过每一个条款的分析把合同法的规则告知学生；讲授商标权时，著名的"兰贵人""散列通"以及郑州的"金苑"等商标案件都可以作为理论讲授的引子。通过对案件的分析，教师将深奥的理论融入生动形象的案例中讲授给学生。教师采用此种方法组织课堂教学，学生反响都很热烈，学习积极性高涨。

（2）改革课堂教学模式，增强学生在课堂教学中的参与度。

（3）进一步采取灵活多样的方式方法，积极开展"第二课堂活动"。本着"走出去、请进来"的原则开展一系列实践活动。如：①组织学生到郑州各级人民法院庭审现场去旁听，或邀请他们来学校开庭等。我们曾邀请人民法院的刑事审判庭来我校开庭，全校各专业学生旁听了整个庭审过程，这样既熟悉了审判程序，也学习借鉴了法官的提问技巧和律师的辩论技巧，从而使抽象理性的法律学习变得具体感性。庭审观摩后，教师与学生在课余进行了讨论，对庭审中各类人员的提问、辩论深入地分析点评，从而取长补短、吸取经验。②与人民法院、律师事务所、法律服务所、企事业单位等联系，建立学生实习实训基地，使学生们均有机会到基地进行社会实践锻炼。③适当采取模拟法庭方法。④积极支持学生参加学校的法律方面的社团组织（比如"独角兽法律协会"）。通过学生社团，在每年的"3·15"消费者权益保护日、"4·26"世界知识产权日、"12·4"法制宣传日期间组织普法宣传周系列活动，其他课余时间还可举办义务法律咨询与服务、案例辩论赛等活动。在重视实践教学改革的同时，我们也很重视实习实训基地的建设。现今我们已经与许多法律实务部门紧密联系，形成了长期的共建合作关系。

另外，教师还通过现代化的教学手段来弥补实习实训基地不足的问题，如制作了相关内容的课件，编辑了一些典型案例，通过课堂与课外、网络等让学生接触、感受更多的实践内容。不少教师还将课堂变成法庭，进行案例辩论、庭审辩论活动，这也是有效方法之一。

第四，根据经济法课程特点，加大考核方面的改革力度，使考核结果能够真实反映学生的法律素质。

为了与以上措施配套，考试内容也应改革创新。经济法考试应侧重于对学生运用法律知识分析、解决问题等基本能力的测试考核，减少单纯记忆性题目比重。有些题目完全不必设计标准答案以免禁锢学生思维，如案例分析题可允许学生大胆发挥，只要能将自己的观点用法律规则逻辑严密地阐述清楚，就可以给予肯定。并且学生成绩的构成，应加大平时成绩的比重。学生在课堂发言、课堂辩论以及课堂主讲时的表现，学生在实习实训、社会调研、社团活动中的表现，都应作为重要参考或评分依据，记入最终成绩。

第五，根据经济法课程特点，选择适合非法律专业学生学习使用的经济法教材。

经济法课程的教材选用，经历了临时选用版本的教、学、用相分离的初级阶段，到规范实用的较为成熟的自编教材阶段。高校的经济法教学始终存在教材选择困难的问题。法律专业的教材是为专业学生而编写的，内容多而庞杂，而其他一些经济法教材内容又偏窄，没有顾及非法律专业学生法律基础知识薄弱的现实。为解决这一难题，我们组织教学经验丰富的老师，自编经济法教材，独辟蹊径，自成一体。我们以学生实际需求为教学内容选编原则，不为法学门户所限，内容取舍上不拘泥于经济法学领域；对学生们必须掌握的内容如民法基础等悉数收入，对重点内容如合同法等章节进行了翔实的介绍和论述；以经济法为基本内容，补充以必要的法律基础、程序法等知识。几经摸索探索，自编教材逐步形成以经济法知识为主，以必要的民法基础、仲裁法、诉讼法知识为辅的比较成熟的体系。自编教材以其独具的特色，为学生们提供了实用的经济法教材，又以其实用性和独特合理的结构，受到广大学生和读者的欢迎。但自编教材仍需进一步改进，比如应增加实训方面的内容，尤其是与五大教学模块紧密配合的实训内容，如案例分析题目、讨论辨析题目等。

我校在注重经济法课教材建设的同时，也十分注意教辅材料的建设，并取得良好效果。法律教研室曾经尝试编写了包括常用法规、常用法律文书及模拟审判庭审提纲在内的《经济法资料选编》《法律基础案例评析》《析案学法》等，使教辅材料内容逐步丰富，结构日趋合理。这些教辅材料以案例分析为主，附以主要法律文书的介绍、模拟法庭的指导。案例选择注重典型性、代表性和新颖性；注重理论性与实践性的统一，逻辑性与生动性的协调；将学理性的抽象理论寓于鲜活的案情介绍之中，法律的严谨精神展现在对个案的条分缕析之上。总之，经济法教材及辅助教学材料奠定了提高经济法课教学质量的基础。

以上是我对经济法课程教学改革的一些思考。总之，在知识经济与法治经济蓬勃发展的今天，如何根据本校实际、学生实际真正落实因材施教，把学生培养成具有良好法律素养的高素质、应用型人才，需要持续不断探索实践。

二、知识产权法课程教学改革的探索实践

高校教师应该科研、教学两条腿走路，让教学、科研相互促进、相互提升。对此我非常认同，在二十多年的教书生涯中我也是这么做的。尤其是近年来，我在非物质文化遗产保护方面颇有兴趣，也尝试开展了一系列研究，结合自己在非物质文化遗产方面的一些小成果，对知识产权法这门课程持续进行了教学改革摸索。

国务院办公厅于2006年6月2日公布了我国首批518项国家级非物质文化遗产名录，2008年批准了国家级非物质文化遗产第二批名录510项和第一批名录的扩展项目147项，2011年6月10日公布了第三批国家级非物质文化遗产名录（共计191项），2014年7月

16日公布了第四批国家级非物质文化遗产名录（共计153项）。中华大地上掀起了非物质文化遗产保护（以下简称"非遗保护"）的浪潮。但在如火如荼的局面之下，我们应清醒地看到其中存在的诸多问题，比如：①非遗保护对知识产权制度的挑战。知识产权制度是现代工业文明的产物，是商品经济、市场经济、科学技术不断发展的结果。知识产权具有鲜明的私权性质，而专有性、时间性、地域性是其最基本特征。知识产权的这些特质无疑使之在对非遗的保护中矛盾频出。知识产权法与非遗保护如何恰当有效地衔接是一个问题。②由于非遗保护是近年来才提出的新课题，并未形成完整且具有权威性的理论体系。专家学者们的学术研究往往难以达成共识，而非遗保护工作本身又极其复杂，也导致各地非遗保护工作只能摸着石头过河，结果出现重开发利用、轻管理保护、以保护之名行破坏之实的局面。③非遗保护是一项专业性很强的工作，能否真正落实"保护为主、抢救第一、合理利用、继承发展"的方针，需要相关从业人员具备较高的专业素质与能力，而这恰是我国非遗保护工作的又一薄弱环节。以上这些问题如不能圆满解决，必将对非遗保护工作的顺利开展十分不利。高校担负着人才培养、科学研究与服务社会三大职能，所以在解决这些问题方面应承担的责任也是不可推卸的。现今许多高校都设置有法律专业，非遗保护问题一般都纳入知识产权法的专业必修课当中。笔者认为，非遗保护存在问题的暴露以及未来的根本解决，都对目前知识产权法的教学改革提出了现实要求。笔者根据自己的教科研实践，谈如下几个观点。

第一，理论教学方面的改革。近年，随着高校的不断扩招，高等教育日益从精英教育转变为平民大众教育，从教育平等角度讲，这自然是好事，但从高等教育的本质来讲则未必（尤其是法学教育)。许多普通高校开设诸多实用课程。其对教师的课堂教学也往往要求突出实践性与实用性，注重激发学生们的学习积极性，于是教师们在抽象理论教学上投入精力不够，教学科研两张皮，学术研究成果与教学难以相互促进。结合非遗保护来看，知识产权理论指导的重要性与必要性得以凸显，所以知识产权法的理论教学应进一步加强。为提高理论教学的效果，笔者认为应从以下方面入手：

（1）教师应与时俱进，及时将一些前沿理论和最新教科研成果融入课堂，不断创新教学内容、实施研究型教学，提升教学水平。经济的腾飞和科技的进步使知识产权制度不断发展变化，知识产权法的教学不能局限在教材的条框中，教师应更注重内容的新颖性和前瞻性。目前国内外倡导的"问题教育法""研究发现法""引导发现法"等很值得知识产权法教学借鉴。除了知识产权制度的基本理论，高科技与非遗保护带来的挑战与争议，在相关领域专家与学者的研究成果中不断显现，如自由软件与版权的冲突、生物技术对专利的冲击、非遗保护对著作权的质疑等。教师既要讲授基本理论和现有立法内容，又应指出现有立法的不足与缺陷以及今后的发展方向，还要将该领域研究的最新成果乃至探索中的问题展示在学生面前，通过启发与引导，使其能以批判、探究的眼光来对待知识产权法的学习。欲达到这样的教学水准，教师要不断夯实理论功底。为此，教师应孜孜不倦地刻苦学习、积极进取，同时应具备钻研探索精神、博览群书、博采众长，注重以教学促科研、以科研促教学的研究型教学模式的运用，形成自己观点独到、语言生动精辟、逻辑严密、思维清晰的教学风格。

（2）改革课堂教学模式，真正落实教学相长。从小学至大学，传统课堂理论讲授是教师主导制，杜绝"填鸭式"与"满堂灌式"

教学模式绝非易事。教师在课堂上口若悬河、滔滔不绝而学生在下面或心猿意马或昏昏欲睡的现象比比皆是。要发挥学生学习的积极性与主动性，教师必须锐意改革，吸收借鉴国内外先进法学教育理念与教学方法，改学生的被动学习为主动学习。比如，课堂教学不必拘泥于传统模式，允许并且鼓励学生大胆提问与质疑，师生完全可以在课堂上展开辩论与探讨（为保证教学秩序，每节课专门留 10~20 分钟为提问、质疑时间）；推行学生主讲制度（或"讨论式"教学模式）：教师课前提出讨论题目，列出参考书目，并根据学生人数，确定每堂讨论课的主讲学生（可以是 3~4 人，也可以是 5~6 人），要求其课后利用一切资源（互联网、图书馆、当地民间文化保护协会、当地版权局等），在详细查找整理资料、充分进行社会调研基础上，融入自己的思考，形成课堂发言的提纲或讲稿，其他学生、教师一起参与讨论，最后由教师进行点评与总结。这样的课堂教学，必然促使学生积极参与学习和研究。这既可锻炼学生的独立思考能力，又可锻炼他们的语言表达和初步研究能力，同时教师也可能从中发现有价值的新观点、新思想，从而得到启发，融入自己的教学、科研中。由于非遗保护与知识产权制度存在冲突，而相关理论还在争议与探讨中，所以面对尚未定论的东西，"弟子不必不如师，师不必贤于弟子"。面对非遗保护中出现的难题，在知识产权法的讲授中，完全可以经常采用此种教学方法，其效果必将事半功倍。

（3）因材施教、课外"一对一"辅导必不可少。因为知识产权法课时有限，无论实行教师主讲制还是学生主讲制，课堂信息量都是有限的，教师与学生皆需课外大量阅读来补充知识，因此课外的"一对一"个别辅导对实现因材施教的目的是不可或缺的。这里提出的个别辅导不是零散无序的，而是指一种制度。比如，教师应给学生布置本课程诸多研究题目（如非遗保护方面的一些前沿问题），由学生按照自己的兴趣选择其中1~2个，如同学生主讲课一般，自己查找各种资料，撰写小论文或调研报告（字数不少于1500字，上不封顶），而后教师负责批改审阅、与学生切磋交流。笔者曾要求学生利用暑假调查各自家乡的典型的非物质文化遗产有哪些、保护现状如何、如何与现行知识产权法接轨，学生们兴趣盎然，成果颇丰。再如，教师每周专门抽出3~4个小时，为学生答疑解惑或一起讨论辩论。以上课外辅导，既加强了师生交流，落实了因材施教，又锻炼了学生。当然这项措施必然增加教师的工作量，为此，除了教师自身要提高师德修养以外，各个高校应切实保障教师的切身利益，使他们全身心投入教育事业。

（4）经常举办学术讲座，促进学术交流，开阔师生视野，增进师生关系。20世纪90年代后法学教育在中国得到空前发展，在这样的规模之下，法学教育如果要全面推行导师制（如香港大学一般是香港的律师、法官与在校法学院学生建立一对一指导制度），基本无实现可能性。在此等环境下，若想开阔师生视野，与一流专家学者以及一线法律工作者零距离交流，只能依赖于学术交流或学术讲座活动。通过参与这些活动，学生们得以学到课本外的经验知识，敏锐的洞察力与分析判断力的培养得到帮助。

第二，实践教学方面的改革。

（1）充分利用多媒体教学手段，继续坚持把案例教学贯穿课堂教学始终。随着多媒体教学手段的普及，教师可以大量运用形象生动直观的影像资料来丰富课堂教学内容。比如教师可以下载《今日说法》《经济与法》《法律讲堂》《庭审现场》等节目中的典型案例，在课堂理论讲授之前或之后播放，供学生观看后运用所学原理来分析、探讨、辩论。对一些争议大的案件，还可以布置为作业，让学生课后继续讨论研究，写成小论文由教师批改。比如在讲非遗保护时，笔者就播放了著名的"乌苏里船歌案"以及"白秀娥剪纸案"。学生们看后，反响强烈，并针对非遗保护与知识产权制度的几个冲突点进行了热烈讨论。

（2）将流行于发达国家的诊所式教育法改为模拟法庭方法。具体做法是，教师把社会生活中的真实案件交给学生，然后将学生按照角色分为原告、被告、律师、法官、陪审员等，让他们按照诉讼程序进行审理并做出判决，在庭审结束后，教师进行点评。模拟法庭活动规模可大可小，可以是大规模全校师生都可参与旁听的大型模拟法庭，也可以是随课堂教学举行的小型模拟法庭。

（3）鼓励学生利用寒暑假或其他课余时间，针对自己家乡或高校所在地发生的知识产权典型案件进行社会调研，写出调研报告。近几年我省发生了多起有影响的知识产权案件，如思念公司的"雪碧成冰"与可口可乐公司的"雪碧"纠纷，宇通公司与福建宇通竹制品公司的"宇通"纠纷，金苑企业用著作权打赢了商标权，《编花篮》到底是河南民歌还是古稀老人郭复善的作品等。这些案件为学生的分析调研提供了丰富的素材。

第三，考核方面的改革。知识产权法课程的考核也要重视过程考核，重视能力的提升，而不是重视死记硬背现有知识，也不是期末一考定成绩。学生在课上课下、校内校外（实习基地、社会实践等）的表现都是最终成绩的重要组成部分。

总之，在非物质文化遗产保护备受重视的今天，高校如何完成人才培养、科学研究与社会服务三大职能，为我国的非遗保护提供强有力的理论武器，构建令人信服的理论体系，输送合格的人才，是包括知识产权法在内的法学教育不能回避的问题。

三、对西交利物浦大学研究导向型教学的感悟

2018年11月15日到18日，笔者和学校其他近百位教师，在苏州西交利物浦大学进行了为期四天的集中培训。培训内容共分三个模块：模块一是研究导向型教学的理念与价值，模块二是研究导向型教学的课程设计与实施，模块三是研究导向型教学的应用与反思。此次培训，笔者收获颇丰，也有许多感悟和思考。下面结合自己的教学实际，谈几点心得体会。

第一，开展研究导向型教学改革的必要性。

中国传统教学模式向来是以教师为中心的满堂灌式。学生从小学到高中一直都接受这样的教学模式，老师讲学生听、上课记笔记、考试背笔记、老师布置作业学生做作业。学生到了大学以后还是沿袭这样的学习习惯，没有自主学习的能力和积极性。在这样一个信息爆炸的年代，学生的兴趣和注意力更多地被手机和互联网控制了，因此，上课不注意听讲玩手机的同学不在少数，即使平常表现不错爱学习的学生，也会忍不住看手机。这个问题是每一个高校教师都应该深入思考探索的事情。西交利物浦大学研究导向型教学模式的尝试和探索，对于高等教育改革是有积极意义的。其倡导以学生为中心组织教学，在整个教学过程中，学生起主导作用，教师起帮助和辅导作用，是以学生健康成长为目标，以兴趣为导向的一种新型的教育模式。西交利物浦大学并没有全面采用研究导向型教学模式，但已取得的成绩还是十分显著的，这值得我们学习和借鉴。

笔者从教近三十年，近年随着手机的普及，感觉学生们越来越

难教了。无论你下多大工夫备课、制作PPT，在课堂上口若悬河、滔滔不绝，但认真听讲的学生却只是少数，多数学生都低着头在看手机，这令自己感觉很失败，甚至怀疑自己的授课能力。但是前不久，我给全校女工委员以及部分女学生做了个讲座，从内容到PPT我都进行了认真的准备，讲座开始后我发现女工委员们从头到尾都仰着脸听得十分认真，但两边的学生们却仍是低头看手机。我想这并不是自己讲课有问题，而是整个教学模式应当予以改革。

第二，研究导向型教学模式的实质与特点。

研究导向型教学模式，从教师的角度讲就是要改变传统教学模式，不再是教师满堂灌，教师不能以讲授知识点为主要教学目标，而要根据课程内容、课程特点来设计问题或者结合现实生活中的问题来启迪、引导学生自己去解决问题，教师在学生们研究解决问题的过程中去指导和帮助；从学生的角度来说，学习的目的不再是记知识点、背知识点、考知识点，而是要挖掘自己学习的动力和潜能，树立自己的批判和质疑的意识与思维，激发自身的创造能力，养成终身学习能力；从学校的角度来讲，学校需要构筑一个资源体系、评价制度和支撑体系，支持学生和老师的学习与教学活动。

研究导向型教学模式对教师的教和学生的学都有很高的要求，教师不能满足于自己备课充分，上课可以侃侃而谈、口吐莲花，而是要在更高的层次上设计课堂教学，要通过问题导入或项目驱动引导学生积极自主学习。在这样的教学过程中，学生的潜能得以激发出来，不仅从"要我学"变为"我要学"，更会以满腔热情投入分析问题、解决问题中去。而且在这一过程中，学生的动手能力、团队合作能力、沟通交流能力等都得到锻炼和提升。教师的一般性备课显然不能满足要求。同时，学生也不能不思考、不动手，必须真正参与课堂，去设计问题、解决问题，去思考、展示等。否则，没有脚踏实地地参与这些过程，学生最后是不可能获得合格成绩的。

当然做到这些，需要学校的顶层设计和制度安排，比如对教师和学生的考核制度应当是科学严谨的，教师有课堂设计安排的主动权和灵活性，对教师的考核更注重教学效果，而不仅仅是教学数量和科研成果的堆砌；学生也不能严进宽出，学生成绩评定注重过程。

第三，结合自己所授课程，谈谈对研究导向型教学的几点思考。

笔者从教以来，主要讲授非法律专业的经济法课程和法律专业的知识产权法课程。这些学生没有系统地学习过法律，对法律知识一知半解，因此对这些零基础的学生进行经济法教学必须和法律专业学生区别开来。从课程设计开始，笔者的指导思想是让学生形成一个小的法律知识体系，一个小的逻辑链条，因此，把经济法课程内容分为四个教学模块：一是合同法担保法模块，二是公司法破产法模块，三是产品质量消费者权益保护模块，四是仲裁诉讼程序模块。假定一个学期为16个教学周，每一个模块将占用四周时间，每一个模块准备设计一个总问题或布置一个作业。第一周将问题或专业布置给学生，学生下去分组准备（事先将学生进行分组，一个班分成若干组）；第二周和第三周笔者负责指导帮助学生完成任务，解答他们遇到的难题或疑问；第四周进行展示评比，笔者先将评分标准告知学生，每一组派代表上台演说展示，然后根据评分标准打分。

知识产权法课程笔者也准备分为四个模块：一是商标法模块，二是专利法模块，三是著作权法模块，四是其他知识产权模块。商标法模块可以设计若干问题，如驰名商标乱象解决对策、老字号保护策略、商标显著性的退化与预防等。专利法模块设计的问题有专利强制许可制度的思考、专利新颖性的判断与分析、企业专利战略研究等。著作权法的问题设计有网络文学著作权保护、版权经纪人制度设定、民间文学艺术著作权保护策略等。其他知识产权模块设计的问题有植物新品种权的启示、商业秘密权与专利权的取舍、地理标志的保护等。同样假定每一个模块占用4周时间，模块教学过程同经济法课程的。

笔者所在的高校是一个新升本院校，整个管理模式以及师生素质比起老本科院校还有一定差距。在实施研究导向型教学时，可能会出现以下问题：第一，学生们不配合，参与积极性不够，不愿主动投入创新型学习中。第二，学校配套制度不完善，学生们的成绩认定不尽科学，影响研究导向型教学的进一步推广实施。对此，笔者认为可以逐步开展试点实验，当学生们逐步适应这种教学模式后，再全面推广。

总之，研究导向型教学模式作为一种以学生为中心，充分调动和激发学生自主学习积极性的新型教学模式，在网络、手机控制了学生的今天，有极高的推广价值和积极意义。在西交利物浦研修后，笔者在本科课堂上试点推广的心情十分迫切，希望通过在实际教学中的试点实验，促进课堂教学质量的提升，为杜绝"水课"、打造"金课"不断努力。

四、实践教学案例评析

案例一，是一次法律实践性教学。

2002年12月25日上午10点45分，随着审判长一声法槌响，由郑州市人民检察院提起公诉、郑州市中级人民法院刑事第二庭受理的李某投毒杀人案，在河南商业高等专科学校大礼堂公开开庭受理。庭审现场国徽高悬，气氛庄严、肃穆，我校1400多名师生旁听。

这是一起并不复杂的刑事案件。被告人李某系郑州某厂工人，与被害人常某某系非法同居关系，尚有妻室的常某某采用欺瞒、哄骗乃至恐吓等手段长期向李某索要钱财以赌博，致使李某负债累累。李某终于由爱生恨，将常某某用毒鼠强毒死。李某慑于法律的威严，于案发后不久投案自首。由于案情清楚明了，在一些主要事实上控辩双方并无太大分歧，因此庭审十分顺利。经过法庭调查、辩论、被告人最后陈述等法律程序，法官当庭做出判决：被告人李某被判处无期徒刑、剥夺政治权利终身。

同学们对庭审予以极大关注，大礼堂内座无虚席，就连过道里也站满前来旁听的学生。庭审结束后，同学们仍久久不肯离去，三五成群围着各自的任课老师分析案情、讨论判决结果，对案件所涉及的婚姻、家庭、伦理道德等问题感慨不已。这起简单的由婚外情引发的刑事案件极大地触动了同学们的心灵，对他们在今后的人生道路上理性地处理情感起到了很好的警示作用。此次庭审更像是一次生动的法制宣传课，其效果令法律课教师深感开展"第二课堂"之必要。

此次庭审，是为了落实我校法律课实践性教学而开展的"第二课堂"活动。对高校非法律专业的学生来说，"第二课堂"是增强学生法治观念、提高法律素养的重要途径。因此，采用灵活多样的实践性教学手段是整个教学环节不可或缺的组成部分。实践证明，"请进来、走出去"的教学模式是行之有效的。

案例二，是笔者以"课堂乃师生共同的课堂——从一节模拟法庭课谈教学改革"为题评析的一堂历史课。

一日，与女儿一起欣赏美国某部动画片，片中一段情节令我印象深刻。某中学历史课上，当教师讲到美国独立战争的导火索时，并未像我国传统教学方式那样，从时间、地点、经过、结果等方面去讲授，而是另辟蹊径，采用了模拟法庭形式。首先虚拟一件诉讼案，即波士顿倾茶事件的当事人一方货主东印度公司起诉美国政府，要求美国政府赔偿因茶叶被倾倒而遭受的损失。模拟法庭上，一位同学担任主审法官，七位同学组成陪审团，三位同学作为东印度公司的委托代理人组成了一个律师团出庭，被告方美国政府也推出同样的律师阵容，双方各由一位能言善辩者承担主要辩护职责。

这样一堂历史课，妙就妙在教师不必费尽心思去讲解历史事件，同学们的学习积极性就被充分调动起来。众所周知，依美国辩论式诉讼的特点，双方的当庭辩论成功与否，将直接影响陪审团的判决。陪审团和主审法官为了公平裁决，双方代理人为了胜诉，都必须彻底了解整个波士顿倾茶事件的前因后果、来龙去脉，如此一来这段历史就被同学们牢牢记在心间了。这与单纯课堂讲授的效果相比，可谓事半功倍。

由此联想到我们大学的日常教学，确有改进之必要。其中最主要的是应更新教师的角色定位，教师的主导地位应让位于学生的中心地位。知识的记忆是有限的，而知识的探索是无限的。爱因斯坦曾说过"大学教育的价值不在于记住很多事实，而是训练大脑会思考"。如果说在高考指挥棒下，基础教育阶段的知识记忆、题海训练的教学模式难以撼动，但没有升学压力的大学教育真不该继续这种教学模式了。教学过程乃是师生共同参与的双边性活动，课堂教学应注重发挥学生的积极主动性。信息时代，知识更新周期日益缩短，传统上视教师的知识储备与传授给学生的知识量之比为"一桶水"与"一碗水"的观念早已陈旧了。学生的"要学"显然比"学好"

更重要,"会学"也比"学会"更实用。在日常教学中,教师的启发式教学方法应成为常态,鼓励学生提问、质疑、批评、争辩。教学中应结合教学内容经常开展课堂讨论。为提高高校学生的综合素质以适应社会竞争的要求,持续深入地进行教学改革是十分必要的。

案例三,是笔者参与指导的一次实战式的模拟法庭。

这次模拟法庭以一场离奇的离婚案为内容。案情如下:高某新婚不久即被单位派往日本研修,研修期满后准备回国,此时国内的妻子程某写信劝阻高某,让他趁年轻在日本打工赚钱。高某于是滞留日本打黑工,省吃俭用攒钱寄给妻子。历经十年打拼,他不仅让妻子在国内买下几处房产,还为妻子办好留学日本事宜。眼看终于可以夫妻团圆开始美满生活,但程某来信,要求从此一刀两断、各不相认。大吃一惊的高某立即返回国内要和程某面谈,但程某拒不相见。无奈的高某向法院提出离婚申请,并要求分割夫妻财产。原本坚决不同意离婚的程某在法院开庭后,竟然告知法院一个惊天秘密,原来程某早就以高某滞留日本杳无音信为理由,向法院申请高某死亡,公告期满后法院已经宣告高某死亡了……

这个真实的曲折坎坷的案件为我校的模拟法庭提供了很好的素材。从庭审前小情景剧的表演到整个庭审与判决,教师仅仅起了指导作用。学生自己进行角色安排、案情分析以及起诉状、答辩状、判决书等文书的写作。此次实战式模拟法庭大获成功。

作为实践教学的一个重要举措,模拟法庭对于学生实际操作能力的培养是不可小觑的。以往我校的模拟法庭带有表演性质,法官问哪些问题、辩护人如何辩论事先都已排练好。这样一来,模拟法庭的作用大打折扣,仅能让学生熟悉审判程序,而敏捷的思维、雄辩的口才、对案件事实的把握、对法律标准的掌控、对整个庭审的驾驭等诸多能力都难以有效锻炼。针对以往模拟法庭的不足，笔者坚持模拟法庭必须彻底改革，办成实战式的。具体来讲，就是在模拟法庭开庭之前先精选案例，选取热点的、经典的、特殊的，并且可辩性又很强的。学生拿到这样的案例后，必须沉下心来，认真分析案情，广泛查阅材料，充分准备论点论据，才可能完成分配给自己的角色任务。这样的模拟法庭无疑极具挑战性，但也必将大大提高锻炼的效果。

此次大胆尝试，效果良好，之后学生们举办的模拟法庭均为实战式的，学生们参与的积极性很高：既可熟悉庭审程序、锻炼口语表达、提升对案件的分析研判水平，又能进一步增强运用法学理论处理法律案件的能力。

案例四，是以学生为中心的知识产权法课堂教学改革实验总结。

笔者曾将社会上的知识产权热点问题以及学生们感兴趣的知识产权话题布置为全学期的思考题，激发他们主动学习的积极性。设计的题目有：如何运用知识产权法保护我们身边的非物质文化遗产；从《甄嬛传》谈素材与作品的关系以及演绎作品著作权的归属；从深圳唯冠与苹果公司"iPad"商标之纠纷谈商标权的转让；从华为的崛起谈企业的知识产权战略；自由软件对著作权法的挑战；生物技术的专利保护引发的伦理道德危机；驰名商标的乱象分析等。这些热点与前沿问题在课堂上一提出，就引起学生们的极大兴趣，整个学期中间，不断有学生来找我讨论有关问题。我给学生布置问题后，引导学生通过查阅教材、网络调查、社会调研等解决这些难题与疑问。期中与期末针对开课之初给学生们布置的这些思考题，让学生们逐一登台讲解。同学们参与的积极性非常高，每个同学都做了精心准备，在讲台上侃侃而谈。多数同学都能将自己的观点清晰地表达出来，课堂气氛热烈。与传统教学模式比较，这一教学效果十分明显。传统教学过程是"教师讲授—学生接受"，其实质是教师将自己的知识搬运给学生，学生从教师处接受搬运来的知识的过程（这也是一种典型的应试教育模式）。而在新采用的教学模式下，教学过程是"教师引导学生提出问题—学生自行调查研究—教师引导学生讨论—教师点评，引导学生得出结论"，其实质是教师与学生一起发现新知识，真正落实了教学相长。而且通过以上方法，学生身份由被动的"知识接受者"变为主动的"知识发现者"。学生的学习方法也由主要由静态、消极的听课变为动态、主动的设问、研究、辩论。学习场所由单一的课堂变为多样化的课堂、生活。学习到的知识的新旧程度由主要取决于教师变成主要取决于学生自己。学习知识的来源由单一的教材变为教材、网络、实践等。质疑的对象由单一的教师教授的知识变为开放的知识。它还培养了学生们清晰准确的表达能力，锻炼了学生们的创新思考能力和批判性思考能力，有利于学生们更好地为未来的法律职业进行准备。

五、理论与实践紧密结合、教学与科研相互促进的实例

高校教师既要注重理论与实践的紧密结合，又要科研教学两手抓，否则课程教学改革极易流于形式，难以深入细致。笔者近些年通过尝试代理案件以及加强到一线单位交流学习来提升实践能力，并不断思考总结形成科研成果，然后再将这些成果融入课堂教学，从而将理论与实践、教学与科研相结合，共同提高。

（一）合同法规则在处理商品房买卖纠纷中的适用

这是通过代理几起房地产纠纷案件获得的成果。近年来，随着

房地产业的高速发展,因商品房买卖引发的纠纷日渐增多,笔者基于自己多年教学中对合同法的探索研究以及在实际代理商品房买卖纠纷案件中的经验总结,针对合同法规则在解决商品房买卖纠纷中的适用问题,提出一些粗浅的意见与建议,以期对处于明显弱势的消费者的维权有所帮助。

格式条款是指当事人为了重复使用而预先拟定,并在订立合同时未与对方协商的条款。因格式条款的特殊性,合同法对其拟定方做出了种种限制,以保护处于弱势的非拟定方的利益。在商品房买卖中,交易双方使用的合同文本是在住房和城乡建设部与国家工商行政管理局印发并负责解释的示范文本基础上,由各地建设厅和工商行政管理局监制的,其条款中隐藏的玄机很多。开发商常以此合同非自己制定乃政府制定为由对消费者进行误导。当纠纷出现后,消费者才发现自己十分被动。面对这样的合同,消费者如何运用格式条款的规则来维权呢?笔者就商品房买卖纠纷中常见的几个问题举例说明。

第一,关于商品房交付条件引发的纠纷。

商品房买卖合同示范文本对商品房交付条件做了如下约定:①该商品房经验收合格。②该商品房经综合验收合格。③该商品房经分期综合验收合格。④该商品房取得商品住宅交付使用批准文件。⑤空白选项(消费者与开发商可以协商填写)。以上选项中,毫无疑问②~④三项对消费者更有利。但现实中,由于大多数消费者是首次购房,根本不清楚"验收合格"和"综合验收合格"之间的差别,而且处于强势地位的开发商往往直接选择第一项"该商品房经验收合格",即便消费者懂得其中奥秘,提出异议,也会被开发商以种种借口搪塞拒绝,多数消费者只有无奈接受。

那么一旦选择第一项是否意味着如果发生纠纷，消费者只能吃哑巴亏呢？答案是否定的。笔者曾代理的一个案件就属于这种情况。在仲裁庭上，笔者作为消费者的代理人与开发商进行了激烈辩论，争论焦点之一就是对"该商品房经验收合格"的理解与认识。开发商认为按照国务院 2000 年 1 月 30 日通过的《建设工程质量管理条例》第 16 条规定："建设单位收到建设工程竣工报告后，应当组织设计、施工、工程监理等有关单位进行竣工验收。建设工程竣工验收应当具备下列条件：（一）完成建设工程设计和合同约定的各项内容；（二）有完整的技术档案和施工管理资料；（三）有工程使用的主要建筑材料、建筑构配件和设备的进场试验报告；（四）有勘察、设计、施工、工程监理等单位分别签署的质量合格文件；（五）有施工单位签署的工程保修书。建设工程经验收合格的，方可交付使用。"开发商根据该规定认为，自己只要按照要求组织了勘察、设计、施工、监理等单位进行了验收，这些单位出具的意见均为合格，就达到合同约定的"该商品房经验收合格"的条件，可以交付使用，不存在违约。本案中开发商的观点可以说是代表了众多开发商的意见。面对咄咄逼人的开发商，笔者依合同法对格式条款的规定展开反驳。《中华人民共和国合同法》（以下简称《合同法》）第四十一条规定："对格式条款的理解发生争议的，应当按照通常理解予以解释。对格式条款有两种以上解释的，应当做出不利于提供格式条款一方的解释。格式条款和非格式条款不一致的，应当采用非格式条款。"笔者据此认为，对"该商品房经验收合格"的理解，应首先按照通常理解，那么通常的理解应该是指权威部门的验收合格，而不是建设单位自己验收合格。既然开发商和消费者有不同的解释，那就应做出不利于提供格式条款一方（开发商）的解释。最后仲裁庭采纳了笔者的意见，认为开发商依据《建设工程质量管理条例》第16条的规定，由建设单位组织的验收只是"该商品房经验收合格"的一个必要条件，而非充分条件。因为在建设单位组织验收合格的基础上，还应按照国务院1998年7月20日通过的《城市房地产开发经营管理条例》第17条的规定进行验收。该条规定："房地产开发项目竣工，经验收合格后，方可交付使用；未经验收或者验收不合格的，不得交付使用。房地产开发项目竣工后，房地产开发企业应当向项目所在地的县级以上地方人民政府房地产开发主管部门提出竣工验收申请。房地产开发主管部门应当自收到竣工验收申请之日起30日内，对涉及公共安全的内容，组织工程质量监督、规划、消防、人防等有关部门或者单位进行验收。"由于开发商提供不出房地产开发主管部门的验收合格证明，仲裁庭最终裁决开发商构成违约。

第二，关于产权办理引发的纠纷。

商品房买卖合同示范文本第十五条内容为："关于产权登记的约定。出卖人应当在商品房交付使用后____日内，将办理权属登记需由出卖人提供的资料报产权登记机关备案。如因出卖人的责任，买受人不能在规定期限内取得房屋所有权属证书的，双方同意按下列第____项处理：(1)买受人退房，出卖人在买受人提出退房要求之日起____日内将买受人已付房价款退还给买受人，并按已付房价款____%赔偿买受人损失。(2)买受人不退房，出卖人按已付房价款的____%向买受人支付违约金。(3)空白选项（消费者与开发商可以协商填写）。"以上关于房屋产权证书的相关规定，已经对开发商十分有利：第一，开发商往往在期限一栏直接填上对自己有利的时间。笔者在实践中发现，不少开发商填上270个工作日（不是日历日),给自己留的办证时间极为充裕,让消费者不得不久久地等待。第二,对开发商违约的处理,选项中的两个条款,无论哪一个对开发商都起不到真正的制约。第一个选项是让消费者退房。众所周知在现今房价不断上涨的情形下,退房对消费者的利益损害不言而喻(消费者多已入住,已付出装修成本),并且开发商只赔偿房价的1%,有的甚至只赔偿银行同期活期存款利率。第二个选项同样震慑不了开发商。因为开发商一般约定按房价1%甚至0.5%向买受人支付违约金。数额很小不说,还没有规定计算期限,于是出现了哪怕开发商晚办证十年,也只赔偿1%或0.5%的令人无可奈何的后果。以上问题姑且不论,实践中针对此条款最大的争议在于,违约与否到底按照哪个日期计算。以下笔者就几个案件举例说明。

案例一:开发商甲与消费者乙的合同约定:"出卖人甲应当在商品房交付使用后270个工作日内,将办理权属登记需由出卖人提供的资料报产权登记机关备案。如因出卖人甲的责任,买受人乙不能在规定期限内取得房屋所有权属证书的,双方同意按第二个选项处理。"根据计算,除去所有的节假日、公休日,甲应在2009年1月5日前将办理权属登记需由出卖人提供的资料报产权登记机关备案。该案中,乙拿到房产证的时间是2009年6月8日。乙认为甲构成违约,甲认为2009年1月5日前,自己已将资料报送备案,不构成违约。(该案消费者未申请仲裁)

案例二:开发商丙与消费者丁约定:"出卖人丙应当在商品房交付使用后270个工作日内,将办理权属登记需由出卖人提供的资料报产权登记机关备案。如因出卖人丙的责任,买受人丁不能在规定期限内取得房屋所有权属证书的,双方同意按第一个选项处理。"所谓第一个选项,就是让消费者退房。开发商于2005年12月底交付房屋,消费者丁到2008年上半年仍未取得房产证,如退房,这自然违背了丁的初衷。于是丁联合其他业主与开发商进行交涉,开发商则做出如下承诺:"到2008年7月底,以户为单位收取办证所需资料后,7个工作日内将办证资料整理完毕并完成报送,顺延90个工作日内房产证办理完毕。如到期房产证未能办理完毕,我公司按已付房款的1%向买受人支付违约金。"根据业主们资料上交的时间推算,除去所有的节假日、公休日,丙应在2009年1月12日前办完各种手续,让业主们拿到房产证。丁于2009年3月15日才拿到房产证,丁认为丙构成违约,丙则认为丁的房产证上登记日期为2008年12月15日,以该日期判断,自己不违约。双方争执不下,申请仲裁。

  这两个案例争议的焦点都是关于违约时间的判断依据,如果以登记备案日为准,开发商均不违约,但按照消费者实际领取房产证的日期为准,开发商均已违约。到底以何为准呢?消费者的理解当然应该得到支持。第一个理由也是合同法第四十一条之规定,合同的约定及开发商的承诺都是格式条款,对格式条款的理解发生争议的,应当按照通常理解予以解释,笔者的理解符合一般逻辑常识。无论案例一中"买受人不能在规定期限内取得房屋所有权属证书的"约定,还是案例二中"关于办理完毕的含义",笔者认为均是指能够领证的意思。因为如果消费者领不到证,那他如何落户口、如何卖房子、如何办理抵押贷款,难道消费者告知他人"我有证,只是在房管局或开发商那里领不到",派出所就给他落户口、银行就贷款给他么?房产证不在手中,无凭无据,消费者的产权利益根本无法实现,如果在这种情况下仍认为开发商不构成违约,那么基本的公平诚实信用的民事交易原则就不存在了。如果开发商坚持认为不应以领证日而以登记日为准,那么还可以依据合同法第四十一条之规定,对格式条款有两种以上解释的,应当做出不利于提供格式条款一方的解释。如果按照开发商的理解,消费者哪怕等十年二十年以后才能拿到房产证,开发商也不构成违约,这样的逻辑岂不荒谬?第二个理由,笔者认为开发商与消费者之间谁强谁弱是显而易见的。开发商作为强势群体中的一员,对于房产证办理相关业务可以说是经验丰富、业务熟练,在订立合同及出具承诺书时已经充分考虑了各种有利于自己的情形。比如,按照现今各地房管部门的规定,办理房产证最长不超过20个工作日,而开发商在约定和许诺办证时都给自己留下了极为宽松的余地。这说明开发商十分清楚如何最大程度规避自己的风险,而消费者作为弱势群体中的一员,不可能强制要求开发商必须在什么时间段内办好房产证,因此对于开发商填写的办证时间只能无奈接受。所以开发商自己出具的已充分规避了风险的承诺条款,如果再任由其按照自己的意愿来解释,也将严重违背公平诚信的民事交易基本原则。目前该案已经裁决,笔者的观点最后得到了仲裁庭的支持。

第三,关于违约责任规则的适用。

实践中开发商逾期交房、延迟办证的现象经常发生。开发商往往找出各种理由推卸责任,诸如资金短缺、职能部门审批迟缓等。对此消费者可以利用《合同法》第七章规定的违约责任规则来维权。首先,消费者应充分利用严格责任原则,要求开发商承担举证义务。因为追究违约责任采取严格责任原则即无过错责任原则,举证责任倒置于违约方,开发商既然认为自己没有违约,那就应当为自己的主张提供证据。其次,即便开发商能够证明违约是其他职能部门的原因所致,那也不能成为开发商免责的法定事由,因为《合同法》第121条规定,当事人一方因第三人的原因造成违约的,应当向对方承担违约责任。足见,开发商不能因他人的原因违约就不承担自己的违约责任。《合同法》第117条规定,"因不可抗力不能履行合同的,根据不可抗力的影响,部分或者全部免除责任,但法律另有规定的除外"。也就是说,合同违约一方法定的免责事由是不可抗力,除此以外,其他理由均不构成免责。除以上情况外,关于房屋质量违约的情形也屡见不鲜。笔者曾代理消费者戊与开发商己的房屋质量纠纷案件。消费者戊在收到开发商己的通知后去办理接房手续时发现,该房屋存在地下室渗漏、入户门锁开启不灵、窗户密封不严、弱电安装不正确等问题,拒绝接房,要求维修,开发商迟迟不理,双方产生纠纷。在拖了近一年后,戊与己对簿仲裁庭。《合同法》第111条规定:"质量不符合约定的,应当按照当事人的约定承担违约责任。对违约责任没有约定或者约定不明确,依照本法第61条的规定仍不能确定的,受损害方根据标的的性质以及损失的大小,可以合理选择要求对方承担修理、更换、重作、退货、减少价款或者报酬等违约责任。"笔者要求开发商予以维修并赔偿损失,最后得到了仲裁庭的支持。

第四,关于合同解除及无效规则的适用。

由于房地产价格持续上涨,在商品房交易中,一房两卖、多卖现象层出不穷。如果每个房屋买卖合同都是买卖双方在平等自愿基础上协商一致的结果,那么均为有效合同。但房屋的所有权只能判定给一个买主。那么未能购买到房屋的买方如何维权呢?《合同法》第94条规定:"当事人一方迟延履行债务或者有其他违约行为致使不能实现合同目的的,可以解除合同。"《合同法》第97条规定:"合同解除后,尚未履行的,终止履行;已经履行的,根据履行情况和合同性质,当事人可以要求恢复原状、采取其他补救措施,并有权要求赔偿损失。"未能得到房屋的买方可以解除合同并要求对方赔偿。实践中，买卖双方在赔偿问题上，最大的争议在于赔偿额的计算依据，买方认为即使卖方承担定金罚则或支付违约金，仍不足以弥补因房价大幅上涨而造成的损失，卖方还应承担买方的房价差额损失。卖方是否应承担房价上涨给买方带来的损失，笔者认为，《合同法》第113条第二款的规定可作为参考："经营者对消费者提供商品或者服务有欺诈行为的，依照《中华人民共和国消费者权益保护法》的规定承担损害赔偿责任。"买方据此可以对卖方做出惩罚性赔偿要求。另外，在二手房交易中，阴阳合同也司空见惯，即在交易时买卖双方签订两份合同，到房产局办理过户手续时用阳合同（房价低），可以逃避国家税收，实际交易时用阴合同（房价高）。这种采用阴阳合同的行为，属于《合同法》第52条规定的"恶意串通，损害国家、集体或者第三人利益"的情形，是无效合同的一种，而一旦进入法律程序，基于这份合同所进行的过户行为也会被撤销。对买卖双方而言，千万别遵循这样的行业潜规则进行交易，倘若出现纠纷，后患无穷。

综上所述，商品房不同于普通商品，标的额动辄数十万、上百万，是许多消费者倾其所有购置的资产，因此了解合同法的相关规定对有效防止纠纷的发生是大有裨益的。

（二）商标退化及其防范

商标退化及其防范是在知识产权法教学中思考与总结的成果，并反过来运用在教学中。商标作为无形资产的含金量不断提高，许多经营主体利用对驰名商标或知名商标的混淆或淡化，来快速赢得市场、攫取利润，因此此类纠纷层出不穷。近些年发生的贵州"陶华碧老干妈"与湖南"刘湘球老干妈"商标专用权争夺案，内蒙古杭锦后旗金穗食品工业有限公司与国内众多面粉生产企业关于"雪花粉"是否为商品通用名称争议案，北京兴元良子健身服务有限公司与北京台联良子保健技术有限公司关于商标和企业名称冲突案，以及郑州金苑面业有限公司状告长沙市湘华饲料经营部抢注"金苑"商标等案件，使得商标专用权保护问题再次引起各方面的关注。

一个企业该怎样及时有效地培育和保护自己的品牌，保持商标自身的显著性，防止其在市场竞争中的退化，是一个具有理论与实践意义的课题。要保持商标的显著性，首先应了解什么是商标的显著性。商标的显著性是指构成商标的文字、图形、字母、数字、三维标志和颜色等以及它们的组合，从总体上具有明显的特色，能与他人同种或类似商品及服务的商标区别开来，在市场交易中足以使人据以辨别不同生产经营者提供的商品或服务，即商标具有的独特性和可识别性。商标最实质的作用是区别商品来源。保护商标最关键的问题在于防止商标的混淆。一个标记是否可以作为商标受到法律保护，其根本条件就在于是否具有显著特征，即显著性。商标的显著性作为商标本质属性在各国商标法中都被明确提出或暗示。有关国际公约如《巴黎公约》《知识产权协定》等在商标的相关条款上，都无一例外首先将显著特征、具有识别能力作为商标受保护的基本条件。《中华人民共和国商标法》（以下简称《商标法》）从正反两方面规定了商标显著性条件。《商标法》规定：申请注册的商标应当具有显著特征，便于识别。《商标法》又以禁止性规定列举了不得作为商标使用的标志。不具有显著性的标志不能作为商标注册或使用是商标保护的一个常识。

1. 商标显著性的取得

商标显著性的取得有两种情况。第一种是固有的显著性的取得，即创设或选用作为商标的标记本身就具有显著性。比如臆造商标（即由杜撰的文字、词汇所构成的无特定含义的商标），杜撰的词汇从未在字典上出现过，而由设计者臆造出来作为商标使用。其本身没有任何含义，与其标示的商品或服务不存在任何联系。其他经营者如果不是出于恶意一般不会混同使用，因而这种词汇的唯一性和独特性使其成为理想的商标标识，且有助于形成商标独占权，是显著性最强的商标，如"海尔""柯达"等。除臆造商标外，任意商标也具有较强的显著性。所谓任意商标是指由一个具有字典含义即非独创性的标记构成，但又与商品或服务不发生联系的商标。任意商标的显著性虽低于臆造商标，但仍可视为显著性较强，如"步步高""乐百氏"等。暗示商标也具有显著性。暗示商标是用暗示、隐喻的方式，把具有想象力但并非直接叙述的词汇作为商标使用。暗示性商标虽然显著性较弱，但仍具有显著性，如自行车商标"飞鸽"、洗发水商标"飘柔"等。

第二种是获得显著性即第二含义理论。这是商标法上的一个术语，该理论起源于美国。它是指一个本来缺乏固有显著性的标志通过长期连续使用而产生了除原义外的新的含义，具备了识别商品或服务的能力。当用户或消费者看到该标志，就会与某种商品或服务联系起来，此时该标志就被视为具备了显著性。"第二含义"理论在《巴黎公约》和《知识产权协定》中均有所体现，现今已为许多国家接受。我国在立法与实践中均已承认和适用该理论，如《商标法》第11条规定了三类标志不得作为商标注册（仅有本商品的通用名称、缺乏显著性等），但同时又规定这些标志经过使用取得显著特征并便于识别的，可以作为商标使用。实践中如鞋油商标"黑又亮"，牙膏商标"草珊瑚"，白酒商标"五粮液"等。

2. 商标显著性退化的原因及表现

商标显著性退化是指商标自身显著性的逐步退化乃至完全丧失。商标显著性退化或丧失将导致一个原为有效注册使用的商标演变为商品通用名称，从而进入共有领域无法为注册人专有使用（当然未注册商标也有可能退化）。缺乏内在显著性的商标可因为使用而获得显著性。同样，一个原本具有显著性的商标也可因为种种原因而导致显著性退化或丧失。比如第一种情况是商标所有人或其他人非故意的原因。当某一类商品没有统一的通用名称或通用名称不为一般用户所熟知时，一个新商品的商标或此类商品中的驰名或知名的商标就可能被用来直接指代此类商品，逐渐成为该类商品的通用名称，从而丧失了其原本具有的显著性。如人们熟知的"阿司匹林""味精""暖水壶""人丹"等，原来都是商标，但现在却成了商品的通用名称。这种情况往往是社会公众、媒体、同行等无意中造成的。而当一个商标演变为一个商品的通用名称后，就进入公有领域无法再为注册人专有。上文所述的内蒙古杭锦后旗金穗食品工业有限公司遇到的正是这种情况。该公司通过受让注册，合法拥有"雪花"商标，使用在面粉上。但随着生活水平的提高，以内蒙古恒丰食品集团股份有限公司为首的国内众多面粉生产企业纷纷推出比特制粉还要高档的面粉，并很快赢得消费者青睐。由于该种面粉比特制一等粉还要白，因此这些面粉企业都称之为"雪花粉"。由于"雪花"商标最先拥有者的漠然，未采取任何维权措施，使得"雪花粉"异军突起,"雪花"商标的显著性逐步退化。第二种情况是竞争对手的故意行为引起的。竞争对手在竞争中采取种种不正当手段故意侵权,将他人的注册商标进行混淆或淡化使用,从而使其显著性逐步退化乃至丧失。其表现形式又有多种,最主要有混淆与淡化。商标的混淆,依照《商标法》之规定,主要是指未经许可而在同一种或类似商品上使用与其注册商标相同或者近似的商标。具体来讲有四种情况:第一是在相同的商品上使用与他人的注册商标相同的商标;第二是在相同的商品上使用与他人的注册商标近似的商标;第三是在类似的商品上使用与他人的注册商标相同的商标;第四是在类似的商品上使用与他人的注册商标近似的商标。

这些都是传统上对商标混淆的狭义的理解。狭义的混淆仅是指商业来源的混淆,即公众可能对商品或服务的来源产生错误认识,将冒用者的商品或服务误认为是商标权人的商品或服务。随着商标立法与实践的发展,现在对混淆的认识一般是从广义角度出发的,即除了商业来源的混淆外,凡可能给公众造成两个经营者之间存在联系的误会的,也属于混淆行为。2002年最高人民法院《关于审理商标民事纠纷案件适用法律若干问题的解释》已有此规定。商标的知名度越高,其被混淆的可能性也越大。上文的"陶华碧老干妈"和"金苑"商标即属于这种情况。混淆作为商标侵权行为,在《商标法》及相关法律中都被明确禁止。但随着市场竞争的加剧以及商标含金量的不断提高(尤其是驰名商标和知名商标),单纯通过禁止混淆已不能解决所有纠纷(如"良子"商标案)。此时反淡化理论应运而生。商标的淡化依据国际上比较统一的认识,是指减少、削弱驰名商标或者其他具有知名度的商标的识别性和显著性的行为。商标的淡化表现形式主要有两种:冲淡和玷污。冲淡又叫弱化或暗化，是指将他人的驰名商标或具有一定知名度的商标使用在不相同、不类似的商品或服务上，从而削弱了该商标与其所标志的商品或服务之间的特定联系，使得该商标的显著性与可识别性被弱化。如某公司将"海尔"用在自己经营的酒店上，使人误以为该酒店与海尔集团之间有某种联系。玷污是指将他人的驰名商标或具有一定知名度的商标使用在对该商标的良好信誉可能产生贬低毁损作用的商品或服务上，使人对该商标产生厌恶的情绪，从而污染了该商标的形象。如将"娃哈哈"用在厕所清洁剂上，"美宝莲"用在痔疮膏上。商标的混淆与淡化既有区别又有密切联系。它们都会对商标的显著性造成危害，都是商标非所有人的故意侵权造成的。混淆与淡化都是商标退化的原因之一，但混淆会造成商标所有人的直接损失，而淡化所造成的损失往往是间接的、非显而易见的。

3. 防止商标退化的几点建议

首先，要从源头做起，把好商标设计关。

美国的商标法理论依据商标固有显著性的强弱，将商标分为四类，即臆造商标（创新性商标）、任意商标（借用商标）、暗示商标和叙述商标（描述性商标）。美国的这一分类已为我国大多数学者所接受。实践中企业可以根据这一理论，为自己设计出最具显著性的商标，即臆造商标。由于臆造商标在用作商标前不具有其他任何含义，用作商标后产生的商标含义就是其第一含义，因此具有最强的显著性与可识别性，其他经营者如非恶意侵权就不会使用，其自身防止混淆与淡化的能力最强大，易于商标所有人对其商标专用权进行保护。而其他类别的商标则因显著性较弱，很容易被混淆或淡化。2005年初鄂尔多斯羊绒集团内销总公司在国内众多媒体上发布郑重声明，为消费者澄清以下事实：鄂尔多斯市不等于鄂尔多斯羊绒集团；鄂尔多斯市的羊绒衫不等于鄂尔多斯牌羊绒衫；鄂尔多斯羊绒集团从来没有开展过任何形式的纱线定制成品业务。鄂尔多斯羊绒集团此举显而易见是为了维护自己的商标专用权，打击不良竞争对手们的傍名牌、搭便车现象。但通过该案，笔者认为鄂尔多斯集团自身商标设计存在不足。我国 1993 年修改商标法时，增加了关于地名商标的禁止规定，即"县级以上行政区划的地名或者公众知晓的外国地名，不得作为商标"。虽然"鄂尔多斯"商标在注册时并未违反该规定，但以地名作为商标的弊端却是明显存在的，因为以地名作为商标会给人以商品或服务来源的印象。与此同时，当产品或服务确定来自地名所指的地方时，允许该地名作为某一企业的商标，就意味着该地方的其他企业不能在产品或服务上使用这一地名，这无异于授予一个企业不合理的垄断权。同一地方的其他企业极易采取违法行为来打破这种垄断。鄂尔多斯羊绒集团面临的正是这种状况，且有愈演愈烈之势。如笔者发现，市场上许多毛线、绒衫编织店都打着"鄂尔多斯"的旗号，而其使用的毛线、绒线等并非"鄂尔多斯"品牌，究问使用"鄂尔多斯"的原因，许多店主振振有词，我们的绒线就是产自鄂尔多斯，故意混淆"鄂尔多斯"商标与鄂尔多斯产地，对"鄂尔多斯"商标的显著性造成损害。倘若鄂尔多斯羊绒集团在设计商标时，充分考虑商标的显著性问题，则今日之尴尬应可避免。

"陶华碧老干妈"与"刘湘球老干妈"的案件也属于商标设计不当引起的纷争。当然臆造商标由于本身没有含义，让消费者认可和接受需要企业广告宣传的巨大投入，这让许多企业望而却步，但如果从长远利益来考虑，还是应选择臆造商标。

其次，进一步完善立法，为预防商标退化提供更强的法律依据。

虽然我国的商标立法经过几次修改已取得很大进展，但与现实的需求相比，仍存在一些不足。

（1）商标法应对防卫商标做出明确规定。防卫商标是指为了防止他人的使用或注册而对自己的核心商标构成威胁或损害而进行注册的商标，包括联合商标和防御商标。联合商标是指同一商标所有人在同一种或类似商品或服务上注册的若干近似商标。其中主要使用的为主商标或正商标，其余为联合商标。防御商标是指商标所有人把自己的驰名商标或知名商标注册在不同类别的商品或服务上，以防止他人的不当使用或注册。实践中有一些知名企业注册了联合商标与防御商标（如"冠生园""娃哈哈"等），但因商标法对此尚未明确规定，使得联合商标和防御商标的应用产生许多难题。如依据《商标法》规定，使用注册商标，连续三年停止使用的，则有可能被撤销。这对于主要用来防卫而并非使用的联合商标与防御商标，显然是难以克服的困难。

（2）应修改《企业名称管理条例》，使之与《商标法》相协调。根据《企业名称管理条例》的规定，我国企业名称制度实行的是核准注册制和企业分级管理制，对企业名称的保护限定在同行政区域和同行业内。这就给一些不正当竞争者提供了可乘之机。他们将与他人注册商标相同或近似的文字作为自己企业名称中的字号或商号进行注册，近年来广东省出现的"花都"现象，就体现了该问题的严重性。"良子"商标与"良子"商号的纠纷也属于此。为保护商标所有人的商标专用权，防止商标显著性被混淆与淡化，应尽快完善《企业名称管理条例》。

（3）商标法应对未注册驰名商标给予更充分的保护。《中华人民共和国反不正当竞争法》(以下简称《反不正当竞争法》)和修改后的《商标法》对未注册的驰名商标都给予了一定保护,但力度不够。如对未注册驰名商标,《商标法》给予的保护措施和救济手段仅是停止侵害,至于损失赔偿则未涉及,显然很不合理。全国许多地方接连发生了有关"小肥羊"案件,但由于"小肥羊"并未注册,商标局对其驰名商标的认定许多人并不认可,各地法院判决结果也大相径庭,使得该案发生后,未注册驰名商标的法律保护问题日渐凸显。因此有必要提高法律保护水平,以防众多未注册驰名商标被混淆淡化,成为品牌公地。

(4)各类商标主体应充分利用现有法律法规,形成立体交叉保护网。我国已初步形成知识产权保护法律体系。企业与个人应充分利用这些法律资源,构建自己立体交叉的商标保护网。如郑州金苑面业有限公司之所以赢得诉讼,关键就在于《著作权法》对"金苑"商标设计人杨芳的著作权的保护,否则单依据现行《商标法》,无法为其提供保障(因为"金苑"并非驰名商标,不能获得特殊保护)。因此商标所有人应根据我国知识产权法律体系的特点,恰当运用相关法律法规,如《著作权法》《中华人民共和国专利法》(以下简称《专利法》)《反不正当竞争法》等,全方位包装自己的商标。如上海冠生园的"大白兔"商标,形成一个商标独立小王国,切实有效地维护了自己商标的合法权益,对防止商标的退化、保持与加强商标的显著性起到了不可估量的作用。

总之,随着市场竞争的加剧、商标作为无形资产含金量的不断提高,驰名商标和知名商标被其他经营主体假冒或混淆淡化,致使其显著性不断退化乃至丧失。为规范竞争秩序,理顺竞争环境,为众多市场主体提供一个良好的知识产权运作与发展的空间,有必要通过以上各种措施来实现这一目标。

知识产权管理专业的学生以及即将招收的知识产权本科专业的学生，未来对口就业的岗位主要有知识产权中介服务机构、知识产权管理机构以及企业法务部门等（当然不排除公检法司），所从事的业务也主要是知识产权类（核心为商标、专利与著作权）的申报、代理、咨询、登记服务等，因此，本部分讨论对加强学生们理解掌握商标基本理论制度十分有益，笔者将此融进了自己的知识产权课堂教学中，效果明显。

（三）传统手工艺传承发展中的知识产权问题研究

在各国都日益重视保护非物质文化遗产的时代背景下，传统手工艺也成为备受关注的重要内容。我国也已将在各级非物质文化遗产名录中占据举足轻重地位的传统手工艺纳入知识产权战略体系中。2008年国务院发布的《国家知识产权战略纲要》就指出，要在包括传统手工艺在内的特定领域加强知识产权保护。因此加强传统手工艺知识产权保护问题的研究，对于提升传统手工艺的保护水平、促进传统手工艺的传承发展有着积极而现实的意义。

（1）实践中传统手工艺知识产权保护模式的选择。

传统手工艺中的许多项目与市场有着千丝万缕的联系，在其传承发展的悠久历史中，总是与市场因素紧密地联系在一起，像刺绣、竹编、剪纸、玉雕、木雕、泥塑、面人、漆器等，从阳春白雪级别的高档收藏品，到下里巴人的大众消费品，满足了不同消费群体的需求。在现代化和工业化的进程中，一些传统手工技艺失去了社会需求，日渐萎缩，但还有许多项目在现代社会占有一席之地。所以，一些传统手工艺的代表性传承人或传承人以外的手工艺人或手工原属地相关行业协会等，在市场经济大潮中，也都逐渐有意识地利用知识产权来维护自身的利益。目前，传统手工艺的知识产权保护主要采用了三种模式，即知识产权的三项核心权利模式，一是普通商标注册或地理标志注册模式，二是专利权保护模式，三是版权登记模式。实践中具体例子很多，比如苏州高新区镇湖刺绣协会注册了"镇湖苏绣"地理标志集体商标，开封市汴绣行业协会注册了"汴绣"地理标志证明商标，扬州漆器厂申请了三十余件专利，乌铜走银技艺的传承人金永才获得了发明专利，棠溪宝剑技艺的传承人高庆民获得了一系列外观设计专利，山东省枣庄市的一些民间手工艺人纷纷将自己的作品进行了版权登记，等等。除此以外，还有些传统手工艺项目一直沿用类似商业秘密般的"祖传秘方""独家秘籍"模式来保护自己的专有技术。

通过以上模式的单独或混合使用，应该说传统手工艺得到了应有的保护与支持，知识产权的作用得以彰显，但是由于传统手工艺自身的特点以及专门针对非物质文化遗产项目知识产权立法的缺失，现今传统手工艺的知识产权保护还存在若干不容忽视的问题，必须引起足够的重视。

（2）传统手工艺知识产权保护中存在的主要问题。

随着理论与实践的不断发展，以往困扰学界与业界的传统手工艺的权利主体的确定问题，如今已不再是争论的焦点。个体私权与集体私权的多层次主体的涌现已被广泛认可与接受。但在传统手工艺知识产权保护的具体实践中仍有一些问题亟须研究与探讨。

①技术标准的制定、完善。由于传统手工艺的滥觞嬗变传习等均根植于民间，因此缺乏统一的、科学的技术标准就成为常态，此种状况对于知识经济、市场经济时代的手工艺人及消费者的影响都

是负面的。技术标准的缺失或不完善，手工艺人不能以此为基础获得知识产权，消费者判断优劣亦无合法依据。2011年9月29日，镇湖绣娘邹英姿的"滴滴针法"成为第一项苏绣发明专利后引发巨大争议，许多苏绣专家及苏绣的非物质文化遗产传承人都指出，"滴滴针法"涉嫌抄袭已故苏绣大师朱凤发明于20世纪50年代的"点彩绣"。虽然这些争议并未影响邹英姿享有专利权，但此案例却透露出传统手工艺技法之认定评判的尴尬。智力成果必然是在前人成果基础上的创新发展，传统手工艺同样如此。但如何与已有成果精确对比区分，包括他人类似作品是否构成侵权，都有赖于令业界信服之技术标准的衡量评判。否则，既可能会打击传统手工艺人探索钻研创新的积极性，又可能有滥用专利权之嫌疑，最终损害传统手工艺的保护传承与产业化发展。

（3）发明专利权与商业秘密权保护之间的利益取舍。

传统手工艺许多时候都会与特有技法甚或独门绝技紧密相连。虽然这些技艺或归属于个别家族，或归属于特定地域、特定民族，但其技艺并不具有普遍公开性则是不争的事实。那么，在对传统手工艺进行现代知识产权保护时，不可避免地会遇到专利权与商业秘密权的选择适用问题。上文所述的苏绣针法，目前除邹英姿的"滴滴针法"外，顾金珍的"免光T形针法"、薛金娣的"捻丝盘线刺绣方法"、郁丽勤的"米似形针法"、周海云的"三二组合乱针针法"等也先后通过发明专利来保护，但这并不意味着传统手工艺一定得通过发明专利保护，对发明专利权与商业秘密权的权衡选择，其实凸显了市场竞争社会里知识产权保护的利益最大化之重要性。

在知识产权体系中，商业秘密权较之专利权具有如下优势：一是没有烦琐冗长的申请程序的困扰；二是没有保护期限的强制性规定；三是不必履行信息公开的义务，免去主动泄密的烦恼；四是不必缴纳逐渐增加的年费。但商业秘密权也有自己的短板：一是如果他人独立研发成功并申请专利，原商业秘密持有人则陷入极为被动的局面；二是商业秘密持有人的权利保护措施必须到位，否则一旦泄密则前功尽弃。商业秘密权既然存在如此优劣势，那么传统手工艺怎样选择最适合的保护方式则应根据具体情况来定。如果此项手工艺在若干年传承中始终独家秘籍般被严格保护未曾泄密，他人亦很难经反向工程获取核心机密，则商业秘密权保护甚为适宜，比如"龚扇"的箍圈绝技以及"聚元号"的弓箭制作技艺。现实中使用专利权保护传统技艺效力更为直接，所以不少行业协会与传承人均选择了专利方式。但笔者认为，他人在公开信息之基础上的创新发展，比一无所知反向研究更加困难，所以，对于诸多极具市场价值的古老且不易破解之精巧技艺还是应以商业秘密为重，否则就会出现"镇湖苏绣"般被侵权的情形。虽然一些传承人对自己创新的针法拥有发明专利权，但技术信息公开后，被业内人士模仿仿制现象层出不穷，让传承人更加无奈。

（4）地理标志注册的困惑。

随着人们知识产权意识的增强，传统手工艺采用地理标志保护的数量逐渐增加，从"镇湖苏绣"到"龙泉青瓷"，从"禹州钧瓷"到"宜兴紫砂"，从"南京云锦"到"昌邑丝绸"，从"东阳木雕"到"青田石刻"等，采用地理标志保护已成为许多地方政府或行业协会的首选，但我们也不应忽略其中存在的问题。

首要问题就是地理标志认证制度自身存在的弊端，即多头管理带来的混乱。众所周知，国家工商行政管理总局（以下简称"国家工商总局"）开始受理地理标志证明商标注册申请和集体商标注册申请的时间是1995年3月1日。2001年12月1日实施的新《商标法》又对地理标志申请进行了详细规定。配合新《商标法》，2002年9月15日国务院又颁布了《中华人民共和国商标法实施条例》。其规定地理标志可以通过申请证明商标和集体商标予以保护。2003年4月17日，国家工商行政管理局颁布了新的《集体商标、证明商标注册和管理办法》，对地理标志申请证明商标和集体商标的条件、申请部门、使用管理做出了详尽的规定。2007年2月1日，国家工商总局公布了地理标志产品专用标志，同时发布了《地理标志产品专用标志管理办法》。所以，国家工商总局是地理标志的管理部门之一，并且有一套完整的规范体系。

国家质量监督检验检疫总局也是地理标志管理部门之一，也有自己一套详细的管理制度。原国家质量技术监督局曾在1999年8月17日颁布了《原产地域产品保护规定》，这一规定的出台标志着我国实施原产地域产品保护的开始。原国家出入境检验检疫局又于1999年12月7日颁布了《原产地标记管理规定》。原国家质量技术监督局于2001年颁布了《原产地标记管理规定实施办法》。在原国家质量技术监督局和原国家出入境检验检疫局合并为国家质量监督检验检疫总局之后的2005年，国家质量监督检验检疫总局颁布了《地理标志产品保护规定》，将原产地域产品改称为地理标志产品，并公布了地理标志产品专用标志。

除了这两个管理者，农业部在2007年12月也发布了《农产品地理标志管理办法》，之后就开始接受申请并颁发农业部的"农产品地理标志"专用标志。

地理标志申请人可以向以上三个部门中的任意一个进行注册认证申请，三部门的认证结果具有相同的效力。但以上三个管理部门的同时存在,会导致实践中地理标志注册人的权利冲突的可能性大大增加,"浏阳花炮"就是一个典型案例。浏阳市人民政府与浏阳市烟花爆竹总会分别向不同管理机关注册"浏阳花炮"地理标志引发的碰撞与混乱,正是多头管理体制导致的结果。这必然影响地理标志的公信度,制约地理标志的长远发展。

其次是地理标志注册未能有效制止侵权的出现。由于地理标志属于集体私权,并非某一个生产经营者独家享有,因此,多家使用人产品质量的差异就难以避免,尤其是传统手工艺产品:制作者个体的经验技艺各不相同,很难以工业化大生产的标准来要求质量的整齐划一,即使有基本的技术标准,不同制作者的产品的差异性也是明显的。在利润的诱惑下,一些本不具有使用地理标志资格的生产经营者的仿制贴牌,也会扰乱传统手工艺的市场环境与良好声誉。南京云锦、镇湖苏绣等著名手工艺产品都遇到过"假李逵"充斥市场的问题。所以,单纯的地理标志注册并不能完全有效保护真正技艺拥有者的权益。

(5) 著作权与外观设计专利权之间的优劣选择。

在传统手工艺的知识产权保护中,著作权与外观设计存在着冲突。传统手工艺作品作为实用艺术作品,虽然在著作权法和实施条例中都没有具体提及,而且也由此引发了学界长久以来的争论与辨析,但现实生活中传统手工艺已通过著作权保护是不争的事实。山东省枣庄市台儿庄古城于2012年8月13日被命名为国家版权贸易基地以后,当地的砂陶作品、皮影作品等传统手工艺作品的版权登记数量节节升高,表明实用艺术作品完全可以享受著作权保护。但也因如此,传统手工艺的著作权保护与外观设计专利权保护模式的选择才有必要论证分析。

著作权与外观设计专利相比，其优势有：一是自动保护，不必经过申请审查等程序（作者为预防侵权自愿进行版权登记另当别论）；二是著作权对独创性的要求远低于外观设计专利对新颖性的要求；三是即使依照《保护文学艺术作品伯尔尼公约》最低25年的保护期限，著作权的保护期限也远超外观设计专利权；四是如果采取自动保护方式，则无须为取得著作权直接付出经济成本。其劣势有：一是如未进行版权登记，著作权人在维权时的举证难度大于专利权人。二是对于传统手工艺来说，享有著作权并不意味该式样作品的非重复性，因为专利法排斥重复，专利新颖性要求唯一，尤其在我国专利法也实行绝对新颖性之后。而独创性不同，它的核心要求是独立创作，即在反对抄袭的条件下，不排斥表现形式的再现；二者的技术含金量是不同的，因此享有著作权的作品具有重复相仿的潜在可能性。三是获得专利权的作品仍可以享有著作权保护，但享有著作权保护的作品未必能够获得专利权。外观设计专利权与著作权相比，其具有的优势主要在于专利权具有更强的专有性与排他性，实践中诸多传统手工艺的专利权选择恐也是基于此项考虑。

（6）传统手工艺本源作品的保护。

现行知识产权制度所直接保护的均是传统手工艺的衍生作品，具备知识产权要求的法定条件，诸如独创性、新颖性、创造性。而衍生作品产生的本源，即传统手工艺千百年来已经形成的固有的成果则依然与知识产权无缘。在非物质文化遗产法未明确规定、知识产权法又未因非物质文化遗产的特殊性而作专门修改之时，传统手工艺本源的知识产权保护问题仍将是一个难题。

（7）侵权成本与维权成本呈现反比现象。

在激烈的市场竞争中，一些经济效益显著的传统手工艺项目频频遭受假冒伪劣产品的冲击，刺绣、漆器、瓷器等均未幸免。这些传统手工艺的新产品需要手工艺人绝妙的创意和全身心的投入。而仿冒仿制却简单易行，可以说是投入最小产出最大。权利人维权举步维艰，从举证到诉讼，程序复杂，过程艰难，时间与金钱的双重损耗令许多权利人直接放弃维权，而侵权人侵权成本之低则使之有恃无恐。

（8）对传统手工艺知识产权保护的几点建议。

针对传统手工艺知识产权保护中存在的问题，有关部门以及相关学者也已经意识到并着手研究解决，比如关于技术标准的制定。我国非物质文化遗产保护工程开展以来，随着理论与实践的不断探索，一些传统手工艺所在地的相关机构出台了地方标准甚或国家标准。比如汴绣所属地的开封市质监局就组织制定了《手工刺绣工艺品生产技术规程》，要求汴绣绣品应达到平、齐、细、活、亮、净、顺的要求。禹州钧瓷所属地的许昌市质监局组织制定了《地理标志产品钧瓷》的国家标准。该标准要求钧瓷外观应保持钧瓷固有的传统窑变艺术特色，同时，对钧瓷的胎质、造型、纹路等也做出了明确规定。南京云锦研究所有限公司等单位共同起草的国家标准《地理标志产品云锦》也已经正式实施。该标准对云锦受地理标志保护的范围、术语和定义、等级、要求、试验方法、检验规则及标志、包装、运输、贮存等逐一进行了明确和界定。这些标准的制定与实施，为传统手工艺的质量认定、发展创新以及侵权判断奠定了基础，提供了帮助。

为进一步加强对传统手工艺的技术认定与传承保护，2013年10月31日，中国标准化协会与全国促进传统文化发展工程工作委员会决定共同发起成立中国标准化协会传统工艺技术委员会（以下简称

"传技委"），其主要工作就是收集整理传统工艺技术诀窍、工艺流程，联合我国传统工艺技术领域的专家和相关单位研究制定和完善中国传统工艺各门类的相关技术标准，推进传统工艺作品的质量测评、技艺认定以及管理评价等。

以上述举措为基础，传统手工艺的知识产权保护才真正能够深入进行。笔者在技术标准已科学完善的前提下，提出以下粗浅的见解，以期抛砖引玉，为传统手工艺的发扬光大贡献绵薄之力。

（1）知识产权权项的选择应基于传统手工艺自身的特点以及市场的需要。

前文指出，在传统手工艺知识产权保护时，存在发明专利权与商业秘密权、著作权与外观设计专利权之利益取舍问题。针对知识产权权项的具体选择，笔者认为，传统手工艺自身的特点以及市场竞争的实际需要是选择的依据与基础。在发明专利权与商业秘密权之间取舍时，应充分考虑该技艺原本的传承范围、保密状况、反向工程破解与创新突破的难易程度、市场潜力等综合因素。如1956年被国务院保密委员会列为国家保密范围，1984年8月被国家医药管理局列入国家绝密的云南白药的处方和工艺，就是因为其神奇的疗效与巨大的市场需求等关键因素。1996年，茅台酒酿造工艺被确定为国家机密，也未用发明专利权保护，均是对上述因素综合平衡后的结果。当然，对于本源技艺已处于公开或半公开状态，技艺掌握者非单独个体，且传承人进行了积极的探索创新与突破的，还是通过发明专利权保护更为直接与便捷，这样也可防止其他传承人或技艺掌握人做出同样的成果并依专利法"申请在先原则"而成为专利权人。另外，在采用商业秘密保护时，其保密措施的到位与否，对于技艺的安全有举足轻重的作用。景泰蓝制作技艺与宣纸制作技艺外泄的悲剧决不能重复上演。在这方面,南京云锦研究所与全体职工签订的"保护商业秘密协议书"以及与掌握云锦核心机密的职工签订的"竞业限制义务承诺保证书"值得学习借鉴。

至于著作权与外观设计专利权之选择,虽然著作权的独创性无法与外观设计专利权的新颖性画等号,但笔者认为,如果在对作品进行了版权登记的情况下,外观设计专利权的优势并不十分明显,其期限短、费用高的劣势反而突出。当然由于著作权自动保护的制度安排,实际上权利人原本已享受了双重保护,倘若权利人又专门进行了版权登记,也不能认为是画蛇添足之举。

(2) 地理标志注册的统一以及与商标注册的双重保护。

地理标志多个管理机构并存的现象人所共知。在这种局面下,作为传统手工艺的所属地域政府、行业协会及代表性传承人等应充分沟通协商,避免出现不同主体向不同机构分别申请的混乱情形,应始终只有一个为大家共同认可的地理标志。在获得一个统一的地理标志权之后,每一个符合条件的生产者可以再注册一个仅供自己使用的注册商标,以克服因地理标志使用者不具有唯一性而带来的难以区分具体生产者、影响真正精品制造者脱颖而出的不利局面。如南京云锦研究所就在"南京云锦"地理标志的基础上,又注册了"吉祥"商标,并着力宣传打造这一品牌,以正本清源,净化销售市场,维护正宗高档南京云锦的品质与声誉;苏绣的代表性传承人沈德龙和姚建萍也在"镇湖苏绣"地理标志的基础上分别注册了"古吴绣皇"和"姚建萍刺绣"商标。这些现都已成为江苏省的著名商标。

地理标志与注册商标的双标志制度,更有利于维护传统手工艺生产者的合法权益。

(3) 知识产权权项的立体交叉保护作用不应忽视。

现行知识产权体系是一个有机的整体，各个权项之间既存在区别又紧密联系，若能够综合运用这些权项，形成立体交叉保护态势，则对传统手工艺的知识产权保护大有裨益。"镇湖苏绣"与"南京云锦"就是被发明专利权、外观设计专利权、地理标志权、商标权、商业秘密权、著作权等紧紧保护起来的传统手工艺。当然由于多数传统手工艺人缺乏法律专业知识，对知识产权的申请取得等一系列制度一知半解，传统手工艺所属地域的相关政府机构或行业协会必须发挥组织、协调、指导、管理等作用，在知识产权的综合利用上发挥应有的作用。比如"镇湖苏绣"知识产权保护体系，就是在苏州高新区知识产权局、文教局、工商局、法院、镇湖刺绣协会等共同努力下，通过高新区知识产权服务社、刺绣作品版权库和知识产权审理这三个平台建立的。

(4) 加大对传统手工艺本源作品的保护力度。

传统手工艺本源作品的作用不可小觑，其对传统手工艺衍生作品的知识产权保护起到了不可替代的作用。它们是文化创意产业的根基，是衍生作品创作灵感的源泉，是判断衍生作品能否获得知识产权保护的参照物，是衍生作品技术创新的基础。任何衍生作品都脱胎于这些本源作品。我国著作权法保护包括传统手工艺在内的民间文学艺术作品的著作权，虽然具体保护内容和保护方式还没有专门规定，但传统手工艺作品享有著作权毋庸置疑。当然，由于只是笼统的规定，缺乏可操作性，非物质文化遗产法对此也有待细化，这导致传统手工艺的知识产权保护针对衍生作品。而作为本源作品，目前所能够享受到的应该是被标注出处的权利以及不被歪曲丑化的权利。至于其他更多的具体知识产权权利，恐怕只有等待知识产权立法针对非物质文化遗产的专门规定或其他专门立法的出台了。即便如此，我们也不应忽略对传统手工艺本源作品的保护。现今更应注重对其搜集、整理、登记、建档、保存、展示、传承，以便为其流传于世和发展创新提供有力支撑。

（5）严格执法，加大对侵权者的制裁力度。

虽然我国在知识产权法律体系建设方面取得了举世瞩目的成就，但在司法实践中，维权成本过高严重影响权利主体尤其是代表性传承人的创新研发的积极性，也损害了传统手工艺产业的健康发展与消费者的利益。因此，必须严格执法，加大对侵权者的制裁力度，使之因侵权而遭受远高于其获益的代价。这样才能真正起到惩戒作用，维护正常的经济秩序，从而为传统手工艺的长远发展与核心竞争力的提升保驾护航。另外，传统手工艺生产者应更加重视科技创新与研发，不断增加产品的花色品种，实现设计元素多元化；同时，增强作品的技术含金量，让对手难以模仿。

综上所述，实施知识产权战略与非物质文化遗产保护工程，在国家文化产业发展体系中占据重要位置。为传统手工艺提供全方位的知识产权保护，不仅可以促进传统手工艺的传承与创新，而且也能够推动传统手工艺的产业化进程，从而为我国的文化产业发展壮大以及文化软实力的进一步提升发挥独特的作用。

非物质文化遗产的知识产权保护问题是一个尚无权威定论的问题，原本很期待《中华人民共和国非物质文化遗产法》对此问题能够明确，但该法第四十四条"使用非物质文化遗产涉及知识产权的，适用有关法律、行政法规的规定"将此问题含混过去。法律规定既然不明确，教师在课堂讲授中就应直截了当告知学生，该问题法律无定论。但是笔者认为，这样的问题正是提升学生理论素养，引导启发他们进行理论探索、锻炼初步科研能力的契机。于是，在知识产权法的课堂讲授过程中，笔者就将此内容融进了课堂教学中，并且给学生们布置任务，让他们利用寒暑假等课余时间，调查自己家乡的传统手工艺等非物质文化遗产项目，了解这些项目的传承发展以及知识产权保护现状，然后根据自己的调研情况以及查阅文献资料的结果，进行讨论，不论支持还是反对，皆须有理有据。学生们参与热情很高，不仅交上来厚厚一摞作业，还与笔者进行切磋讨论。这种教学模式其实就是西交利物浦大学所倡导的研究导向型教学方式的体现。

第二节 高校人才培养的思考与实践

笔者担任过5年法律教研室主任，现今在系教学副主任岗位上已经奋战了10年，因此在课程体系构建、人才培养方案制定完善、新专业申报论证等方面有一定的经验，现也整理总结如下。

一、关于知识产权复合型应用型人才培养探究

随着改革开放的不断深入发展，知识产权在民族振兴和国家富强道路上发挥的作用日益凸显，无论是2004年教育部和国家知识产权局联合发布的《关于进一步加强高等学校知识产权工作的若干意见》，还是2008年国务院颁发的《国家知识产权战略纲要》，都将知识产权人才的培养与建设工作提到了国家战略的高度。然而，自20世纪80年代知识产权人才培养在我国高校开始萌芽发展以来，从知识产权学科定位、学科建设、办学层次到知识产权人才培养模式、

课程体系等诸多问题始终困扰着学界，并且知识产权人才培养的数量与质量都难以满足社会经济蓬勃发展的需要。而在创新型国家的持续提倡与建设发展中，这一供需矛盾将更加突出。因此，在人才培养上负有不可推卸责任的高校如何培养出符合社会实际需求的知识产权人才，值得深入探索与研究。

1. 现阶段知识产权人才培养存在的主要问题及原因

虽然知识产权的高等教育在我国起步较晚，但经过改革开放以来的发展，目前知识产权相关专业已经设立有专科层次的知识产权管理、本科层次的知识产权、硕士和博士层次的知识产权法及知识产权管理等。从表面来看，硕博本专各类层次似乎十分完整，应该能够满足社会对知识产权人才的需求，但仔细推敲就会发现，其中存在诸多问题。

（1）知识产权学科定位的纷争直接影响了知识产权人才的培养。众所周知，由于知识产权目前并不是一级学科，知识产权的专业归属在实践中难以理顺。专科层次的知识产权管理属于公共管理与服务大类，本科层次的知识产权属于法学门类下的特设专业，硕博阶段既有隶属于法学学科下的知识产权法方面，又有隶属于管理学、经济学等学科下的知识产权相关方向。毋庸置疑，社会需要的知识产权人才是应用型复合型的，这一点在20世纪80年代初就已经得到广泛的认同，所以才会在知识产权学历教育的发展中摸索形成现今法学学科与管理学、经济学等共存的局面。随着知识产权学科的发展，其学科定位也引发巨大争议。中国高校知识产权研究会竭力主张应给予知识产权一级学科的地位，这样知识产权法、知识产权经济、知识产权管理等就可以定位为二级学科，然后在此基础上构建各二级学科的课程体系。这一观点详细体现在2016年5月的《关于知识产权学科建设的长洲共识》上。但是也有众多专家学者明确对此持反对态度。他们认为，知识产权目前的学科定位恰恰体现了其复合型的显著特点，因为知识产权法从本质上来讲就是法学大类下的二级学科，知识产权管理本质上就该归属于管理学大类，没必要也不应该将知识产权改为一级学科。知识产权学科定位能否与时俱进是影响知识产权人才培养的关键因素，但知识产权学科定位的分歧短期内不可能消除，这种局面非常不利于知识产权人才的培养，尤其严重影响了知识产权专业培养目标的确定与核心课程体系的构建。而且毕业生在报考公务员时，知识产权专业的划分与归属还存在冲突的现象。

（2）培养目标与核心课程体系不够系统、清晰、科学合理。上述知识产权学科定位的分歧直接导致了培养目标与核心课程体系在规范设置上的困难，尤其是本专科阶段，培养目标不明确与课程体系结构大杂烩几乎成了通病。不少高校在法学课程中夹杂一些管理学、经济学或者实务类课程，似乎就算完成了知识产权复合型应用型人才的培养任务。事实上在差不离的培养目标以及一锅烩的课程设置下，我们的学生眼高手低、什么都知道一点又什么都不精的现象十分突出，学校与职场难以有效对接，对学生的对口就业发展带来困扰。

（3）生源专业背景的先天不足。美国作为知识产权强国，法律教育属于精英教育，学生必须本科毕业获得学士学位之后才可以报考，所以在美国学习知识产权专业的学生自然而然具备其他专业的背景知识，而且在报考知识产权专业时，还可以根据自己的背景专业特长来选择未来主攻方向，学习的针对性、知识的复合型优势一目了然。而与美国的知识产权人才培养不同，我国的知识产权专业教育在本专科阶段就可以进行，生源在专业背景、知识储备、学科视野等方面存在先天不足，因此培养符合社会需求的知识产权人才的难度更大。

（4）实践经验丰富的复合型师资严重欠缺。囿于学历、职称等传统高等教育体制，我国高校教师大多是从毕业学校直接到任教学校，真正具备一线工作经验、实践操作技能熟练的人十分有限。知识产权专业的专职教师也不例外，许多老师都是法律专业背景，即使是双师型教师，也往往是通过了司法资格考试，具备了司法职业资格，知识结构仍然很单一，真正具有管理、经济或理工科背景知识，且自身就是复合型应用型教师的可谓凤毛麟角。不少高校不得不通过聘请一线人员做校外兼职教师的方法弥补这一缺陷。但此种做法也有弊端：一线人员工作繁忙，很难像专职教师那样系统地授课传道，只能零打碎敲式地通过讲座、报告等形式来辅导学生。所以对高校知识产权教育来说，这只能是一种辅助性手段。

2. 对知识产权人才培养的几点建议

虽然知识产权作为一级学科还是一个比较遥远的梦，但飞速发展的中国对知识产权人才的需求和渴望是实实在在的，所以现阶段就需要找到一些切实可行的办法在实践中摸索应用。笔者基于多年的教学实践经验谈几点粗浅的看法，以期为知识产权人才的培养尽自己的绵薄之力。

（1）明确培养目标，紧紧围绕培养目标设置课程体系。笔者发现开设有知识产权专业的许多院校，在专业培养目标设定时，都有如下文字表述："掌握知识产权理论知识与知识产权实务操作技能，能在企业、高校、知识产权服务机构以及公、检、法、司等部门从事知识产权相关工作的高素质应用型专门人才……"这样的表述从字面上来讲并无不妥，但真正落实起来难度很大。知识产权人才包括知识产品的创造人才、知识产权行政管理人才、知识产权司法执法人才、知识产权中介服务人才、知识产权理论研究人才等。社会需求的知识产权人才是形形色色的，每一个高校都要培养出符合社会要求的各方面知识产权人才几无可能。高校只有根据自己的实力与特色，制定出更加细化、可行性操作性更强的培养目标，紧紧围绕培养目标设置课程体系，才可能实现自己设定的培养目标。比如有些高校以理工科专业见长，其培养目标可以着重强调对理工科知识技能的要求，而在管理、经贸、金融专业方面有优势的高校，则可以突出对经济管理类知识的要求。另外，在课程设置上，各高校也应当体现自身的优势和特色，虽然在目前的学科定位下，知识产权专业（尤其是本科阶段）的课程体系必然涵盖大量的法学课程，但这并不意味着高校没有自主权限。在专业选修课模块的安排上，高校完全可以根据培养目标的设定来设置课程，如经贸、管理、金融类实力强的高校可以设置与之相配套的系列选修课，如知识产权融资、知识产权运营、知识产权战略管理等；而理工科实力强的高校则可以加大与理工科联系紧密的系列课程安排，如专利代理、专利文献检索、植物新品种权、专利评估与鉴定、国际技术转让，等等。总之，选修课模块一定要充分体现各高校的特色与优势。

（2）持续不断地加强师资队伍建设。针对目前知识产权师资队伍大多是从学校到学校的实际状况，必须持续不断地加强师资队伍建设。一是培养更多的双师型教师。这里的双师型教师不能只是名义上的某位教师兼有教师证和其他职业资格证就可认定为双师型教师，而是该教师在掌握扎实理论基础上，还具备实务操作能力。由于知识产权教师很多是从法律师资分离出来的，所以双证教师不缺，但实质意义上的双师严重缺乏，可以通过到法院、律师事务所、企业等挂职锻炼或业余兼职方式提升其实践技能。二是聘请知识产权实务工作者作为兼职教师。虽然兼职教师难以像专职教师那样整学期授课，但具有丰富实践经验的他们在学生实操能力培养上的优势是不可小觑的，所以师资队伍建设不能忽略他们。三是高校在教师的聘用、考核、职称评定、晋升奖惩等方面的制度设计应更加完善，引导教师在教学上投入更多精力，提升理论教学与实践指导水平，而不是仅执着于跑项目、发论文。

（3）强化校企合作，不断推进诊所式教学改革。诊所式法律教育在中国叫得很响，但实际落实效果好的高校可谓凤毛麟角，很多都流于形式。知识产权人才培养中诊所式教学的作用无可比拟，但必须克服和杜绝法律诊所式教育出现的问题和不足。比如要根据高校自身以及所在地域的实际情况，合理务实地建立校企合作基地。校企合作基地并不是多多益善，而是根据高校自身以及区域经济发展、知识产权保护状况等综合因素，与那些符合本校培养目标，也能够真正融入高校日常知识产权教育的一线单位开展校企合作、产教融合。再如，要将师生参与诊所式教育活动纳入各自的考核评价体系，提高师生参与的积极性与主动性。

（4）根据高校专业特点以及学生的兴趣爱好，鼓励与提倡学生攻读或辅修第二专业。我国知识产权本专科学生缺乏复合型知识背景。为弥补这一缺陷，各高校可以根据学校的实际情况，以理工类还是其他经管、农林类为主打专业，让学生结合自身的兴趣爱好攻读或辅修第二专业，拓宽知识面，增强竞争力。

在全民创新、万众创业的时代背景下，在国家知识产权战略的推进实施中，知识产权法务、管理以及中介服务等复合型、应用型人才的需求日渐旺盛。因此，担负着教书育人职责的高校应当立足于自己的专业、师资等特色与优势，克服困难，潜心研究，不断深化教育教学改革，培养符合社会需要的知识产权人才。

从2003年华东政法大学最早开设知识产权本科专业以来，对知识产权专业人才培养的目标、模式、方法等就存在诸多的争议，但有一点大家已达成了共识，即知识产权专业毕业生应当是复合型应用型人才。虽然此观点得到大家认可，但究竟如何培养却是难点。这几年，为申报论证我校的知识产权本科专业，笔者和同事们调研走访了省内外不少高校，每个高校的具体做法各不相同。偏研究型的知名大学由于毕业生考研留学的比重大，不为就业率困扰，所以知识产权人才培养方案与课程体系构建时，对复合型人才培养课程（管理类、经济类等）以及实操类课程的开设并不十分重视。理工类大学基于自己的特色优势，往往强调学生们的第二专业，所以，毕业生对口就业率比较乐观。而普通文科类院校则比较尴尬，不少打着知识产权专业的旗号，其实办着法学专业之实，学生们以法律职业资格考试为目标，毕业生对口就业率并不高。

二、以河南为例谈谈高校女生人文素质教育的培养

在对大学生人文素质教育都极为重视的今天，许多高校也相继出台了有关文件，以加强本校的大学生人文素质教育。随着女性地位的不断提高，高等学校尤其是文科类院校，女生人数比例往往偏高，个别院校女生甚至能够占到80%，能否提升她们的人文素质将决定着许多高校人文素质教育的成败。因此，加强这一方面的教育

研究是十分迫切且具有现实意义的。

为使研究更具针对性，笔者对河南一些高校女生的人文素质的整体状况展开了问卷调查。调查涉及新闻、文秘、艺术、酒店管理、市场营销、工商管理、商务英语、法律等多个专业的女生。通过对近500份有效问卷的认真统计整理发现，对女大学生人文素质的重要性大家观点高度一致，皆持肯定态度。至于提高途径，绝大多数学生的意见分歧也并不大，集中于社团活动、学术讲座、课外阅读、社会活动、公选课。对于女生们的性别、女性独立以及女权意识，此次调查显示，高校女生与当今社会普通女性一样存在困惑与矛盾。比如多数女生都认为女性不应该依靠男性，不是男性的附属品，应加强自身的素质和修养等。但同时，女生想要成为拥有自己事业的女强人的仅占30%，而且多数女生认为就业歧视是基于现实的合理现象，并且愿意为丈夫或孩子牺牲自己。而对于社会上存在的"小三"现象，虽不会那么做但表示理解的竟高达70%。再者，女生们虽有一定法律意识，但法律素养与法律知识还很薄弱，未来自身权利维护令人担忧。所以从调查结果可以看出，高校女生同样挣扎在理想与现实、独立与依附、家庭与事业、虚荣与朴实、奋进与安逸、就业与生存之间。

（一）高校女生人文素质存在的主要问题

除针对学生进行问卷调查外，笔者还对一些毕业生进行了座谈和走访调研，了解她们的学习及生活的态度和实际状况。笔者在问卷调查、走访调研基础上，总结归纳出目前高校女生人文素质存在的问题主要有以下几个方面。

（1）课外阅读量严重不足，人文知识普遍缺乏。当今社会由于手机、网络等现代传播工具的普及，学生的读书习惯大大减弱，人文社会知识十分欠缺。她们了解西方的情人节、圣诞节，但却忽略了中华民族的传统节日；她们追求刺激、讲究穿戴、对明星潮人之事了如指掌，却不晓得《离骚》《史记》《彷徨》，对文学、历史、哲学、美术、音乐等这些人类共同的精神财富，表现出相当的幼稚和浅薄。她们多喜欢阅读些宫斗、悬疑、穿越、言情、武侠等书籍，中国四大名著未认真阅读过的比比皆是，一知半解者甚众，至于其他世界名著，不少女生竟从未涉猎。笔者讲授著作权法时，每涉及国内外一些名著，便询问学生是否读过，回答每每令人无奈。所以众多女生人文知识缺乏不足为奇。

（2）法律素养与法律知识还很欠缺。高校除法律类专业学生系统学习了我国现行的一系列法律法规外，其他专业的学生一般仅学过思想道德修养与法律基础、经济法等涉法课程，因此学生所了解掌握的法律知识十分有限。与女生自身权利密切相关的婚姻法、妇女权益保障法以及继承法、劳动法等，广大非法律专业女生并未学习过。这导致女生（或者身边的女性亲人）在遇到性别歧视、性骚扰、家庭暴力、财产分割继承利益受损时，想维权却不知从何下手。笔者在调研中发现许多令人痛惜的案例，由于涉事者缺乏必要的法律知识，不知保存搜集证据，使得她们求助无门。

（3）独立意识与"四自"精神明显有待加强。毕竟是接受过多年的正规教育，多数女生有着明晰的自我意识，也渴望自我价值的实现，但是，若论及更高的追求，更大人生目标的实现，则明显薄弱。从调查结果可以看出，许多女生并不具有强烈的独立意识和"四自"精神，反而或多或少流露出传统的依附心理和弱者心态。

（二）高校女生人文素质存在问题的原因分析

（1）现行高考体制导致高校女生人文素质先天不足。在高考指挥棒下，女生与男生一样在死记硬背与题海战术中杀出了一条血路，走过了独木桥。而在高考中几乎可以忽略不计的人文素质，自然不会被学校、家长重视，其人文素质堪忧自在情理之中。

（2）社会环境对高校女生人文素质的影响力不容忽视。我国正处于社会大变革时期，有的社会现象对高校女生造成一定的冲击与影响。比如妇女受到的就业歧视，女大学生就业困难，男女婴儿性别比，针对女性的家庭暴力，包"二奶"现象等。这些现象不可避免使个别高校女生陷入迷茫与困惑。个别女生道德观念产生偏差，摒弃吃苦耐劳、脚踏实地、勤俭节约、勤劳致富的朴素观念，更舍弃了"自尊、自信、自立、自强"的"四自"精神，转而将"干得好不如嫁得好、学得好不如傍得好""宁在宝马车里哭，不在自行车上笑"等可耻口号奉为信条。

（3）巨大的就业压力使得高校女生缺乏追求人文素质的主动性。前些年高校的不断扩招导致大学生与天之骄子再不能画等号，并且由于多数女性未来必须承担繁衍后代的重任，使得女生就业压力远大于男生。因此，现实迫使她们对职业能力的学习和提高非常重视，虽然她们也明白人文素质教育的重要性，但自觉与不自觉间，仍然认为人文素质教育与职业能力培养相比是可有可无的，并不认为其不可或缺。毕竟人文素质的高低与实实在在的职业资格证相比，后者看得见、摸得着，与就业竞争力直接挂钩。所以，虽然有些学校开设了诸多人文素质选修课程，但同学们选修的积极性并不高，上课敷衍现象突出，若非学校强制要求，根本无意选修。

（4）许多院校人文素质教育力度不够，导致女生综合竞争实力欠佳。许多高校人文素质教育刚刚全面展开，其途径、方法、措施以及效果都有待探索、总结，所以尚不可能专门针对女生展开人文素质培养。许多女生毕业时，其文学艺术修养、语言文字表达、文字书写质量，甚或言谈举止、文明礼仪等方面，没有达到应有的水平。从调研的情况来看，毕业女生两极分化现象严重。除个别女生因综合素质高，很快在单位独当一面，成长为业务骨干外，大多业绩平平，甚至还有不幸案例。

（三）对高校加强女生人文素质教育的几点建议

（1）培养高素质的教师队伍是加强女生人文素质教育的关键。教师是学校教育工作的主体，是培养人才的关键。一个高校能否培养出具有较强人文素质的学生，关键之一在于教师自身的综合素质和执教能力。一个马马虎虎、得过且过、一知半解、追逐名利的老师绝不可能教育出品格优秀、素质全面的学生，建设高素质的教师队伍是加强女生人文素质教育的关键。当然，由于教师这一职业颇受女性青睐，许多高校不仅学生中女生占据多数，教师队伍里也是如此，女教师占据了大半边天。所以，高校的老师们（尤其是女教师们）应身体力行培养学生的人文素养，以身作则、率先垂范，并且因材施教，针对女生的生理与心理特点，寓教于乐、潜移默化地将人文素质教育渗透到每门课程的教学过程中，真正做到既教书又育人。

（2）根据学校实际情况，人文课程设置上应有一定倾向性。女生与男生在生理心理方面有差异，因此，高校在开设人文素质教育课程时，应充分考虑女生现在及今后的需求。比如针对女生可开设女性文学欣赏、个人形象设计、化妆与美容、婚姻法、妇女权益保障法、继承法、劳动合同法、插花、茶艺、服装裁剪、中西餐制作，以及与非物质文化遗产保护与传承相关的课程——刺绣、香包制作、面塑、剪纸、糖人、古筝、琵琶等。这些课程可以提升女生的个人形象、气质内涵、自信心、法律意识、生活适应能力等，使她们既有想飞的心，又有翱翔的翅膀，为今后及未来的生活工作学习打下坚实的基础。

（3）加强校园文化建设，创设良好人文环境。营造一个良好的适合女生人文精神发展的校园文化氛围，能对女生的精神追求、价值取向、审美情趣等起到潜移默化的作用。学校应该加大经费投入，更新、增加教学设施和图书资料，加强校园自然景观和人文景观设施的建设，使女生们在优美的校园环境中陶冶情操。学校也可以举办各种与女性相关的讲座、文体活动以及各类竞赛，吸引女生们主动而广泛地参与，营造生动而健康的生活学习氛围，还应鼓励女生学生社团的健康发展，让女生们通过参加社团的活动，培养其口才、胆量、组织能力、团队合作能力等，使她们终身受益。笔者在实际调研中发现，有些学校专门针对女生举办了女性维权系列讲座、趣味竞赛等丰富多彩的校园活动，受到女生们的欢迎，效果良好。

（4）针对女生的人文素质教育应与就业指导有机结合起来。虽然女生在求职中易遭受性别歧视，但我们要引导女生正确看待此问题，应结合社会观念和背景，结合男女性别角色和所承担的社会责任来客观地认识和对待，减少一些极端的或是带有偏见的认识。一方面通过走出去、请进来的模式进行人文素质教育，带领女生们走出校园，接触社会，开阔视野，活跃思维；邀请已获成功的学姐为她们现身说法，介绍经验，总结得失，激发她们干事创业的斗志。

另一方面通过就业指导帮助女生认清就业市场，找出自身优势劣势，转变就业观念，确立人生目标，对自己有一个合理的定位，从而明确自己未来工作发展的路径，增强学习的主动性和积极性，最终形成正确的专业思想和就业观念，为未来的职业发展奠定坚实的文化基础和深厚的人文底蕴，成为社会可持续发展所需要的高素质人才。

总之，女性的素养决定着整个民族的素养，正如一句富有哲理的谚语所说：推动摇篮的手也是推动世界的手。高校女生人数多、竞争实力弱，如何在浮躁拜金的社会风气包围下培养教育好她们，提高她们在未来职场和家庭生活中的质量与品位，使她们成长为"自尊、自信、自立、自强"的时代的掌控者和弄潮儿，是必须关注、重视一个问题。

女性因为身体生理与传统文化等因素的共同影响，其弱势的地位在一定范围内存在。笔者作为一名女性以及一个女孩子的母亲，对于女大学生的成长成人成才格外关注，而社会及学校接连发生的案件也让笔者痛心疾首，因此下决心做点儿研究工作。此研究曾被学校立为重点教研课题，配套论文公开发表并获得河南省教育厅素质教育理论与实践优秀教育教学论文二等奖。

三、高校女生人文素质教育探索之案例总结

自 2012 年 9 月起，笔者与其他法律教师通过教育教学改革项目这一平台，在高校女生人文素质教育方面进行了持续的探索与实践，取得了一定效果。现就主要举措与实施效果总结如下。

（一）紧紧围绕课堂这一主阵地，认真履行教师教书育人的职责，潜移默化提升我校女生的人文素质

笔者和团队皆是一线教师和一线管理人员，日常与学生接触频

繁，因此，团队经过讨论决定，以课堂为推广女生人文素质教育的主阵地。每位成员在自己承担的授课班级里，根据所授课程适时地进行人文素质教育，培养她们自尊、自信、自立、自强的"四自"精神和法律素养。我们主要承担了经济法、婚姻家庭法、知识产权法、刑法、法律文书等课程的教学任务。经济法涉及的专业有法律、营销、连锁、审计、金融、资产评估、会电等，学生千余名。各位老师根据自己所授课程的内容，对全班学生尤其是女生，润物细无声地展开人文素质教育，而不是生硬地板着面孔说教。如在讲授经济法中的合同制度时，专门将"夫妻签订忠诚协议""夫妻签订生育保证协议"等典型案例讲给学生，并详细分析这些案例中所签协议即合同的效力，不仅激发起学生们的学习兴趣，更使学生们对婚姻中的合同关系有了进一步的了解；再如讲授债权债务时，选取了轰动一时的深圳宝安国际机场清洁女工拣拾十四公斤黄金案件以及许霆利用银行取款机故障非法获利案件，使学生们了解什么叫不当得利之债，也警示同学们不要因贪图小便宜而身败名裂、锒铛入狱。另外，为了培养同学们的维权意识与时效意识，我们选取了大学生状告母校案件以及家喻户晓的吉林通化串子案件等。通过典型案例的警示与示范作用，学生们的法律意识、人文素养在不知不觉中得到提升，其效果不可小觑。

  法律专业的学生在法律素养培养上具有得天独厚的条件。针对法律专业开设的课程，法律教师更是注重女生法律素质及其他人文素质的培养。如讲授刑法时，相关老师将空姐杀死情人案件、遭受家暴女性杀死丈夫案件、婚外情引发的赔偿纠纷案件等的视频播放给学生观看，使男女生们对第三者插足、家庭暴力等的社会危害性有了更为深入的理解。尤其是空姐杀人案件，讲述了年轻貌美、才华出众的优秀空姐杨某,因为被亿万富翁郭某某的糖衣炮弹蒙蔽,不幸成为第三者,最终因爱生恨杀死了郭某某,自己沦为阶下囚。这一令人扼腕叹息的惨痛事例,对女生们触动很大。杨某的深刻教训告诉她们,美好生活来源于脚踏实地的奋斗,不劳而获的思想任何时候都应该坚决唾弃。婚姻家庭法对女生们的指导意义更是不言而喻,从婚姻的缔结与解除、夫妻间的权利与义务、夫妻共有财产的计算与分配等,女生们在未进入婚姻家庭时,就已了解相关法律制度,避免未来在婚姻家庭中遭遇不应有的人身伤害与财产损失。笔者在知识产权法教学中特别关注对女生的培养,从课堂提问、案例讨论到小论文训练等,有意为女生提供更多展示自己的机会,以便锻炼她们的口才、胆量、逻辑思维以及写作能力。另外还大量列举以女性为主角的案例,如在讲授著作权法时,专门列举了撰写《盖世太保枪口下的中国女人》的年过花甲的女作家张某某挺起胸膛与制片方对簿公堂的典型案件。张某某石破天惊之举不仅在影视界与编剧界引起轰动,其维护自身权益之勇气更值得所有女性学习。著作权法课堂上还列举了作家与翻译家杨绛女士的事例,把杨绛女士翻译《堂吉诃德》的片段与几位青年翻译工作者的译稿进行了比对,让同学们自己发现其中的巨大差异,也使同学们懂得认真学习、戒骄戒躁的重要性。再如讲授专利法时,特意选取了华中科技大学一位大四女生的事例。该生在校期间已获得十余项专利,有"可识别的一次性杯、碗""及时暖电热饼""次生风摆动式发电装置"等。以这位同学的事例告诉女生们,女性也可以凭借勤奋努力,发挥自身的聪明才智取得可喜的成绩,从而培养女生们的自信心与昂扬的斗志。

（二）积极开展第二课堂活动，采取灵活多样的活动形式，全面提升女生的人文素质

由于多数专业只开设了经济法课（个别专业经济法也未开），而其他法律课程仅仅法律事务专业才开设，所以针对全校女生的人文素质培养还必须有赖于第二课堂的开展。为宣传推广课题的研究成果，我们在这几年的时间里，举办了丰富多彩的第二课堂活动。主要活动有：①举办讲座若干场。诸如"女性维权漫谈""女性犯罪的现状、原因及特点""女职工劳动保护相关制度介绍""大学生犯罪的特点及预防"等。这些讲座对提升学生们的文化素质、女性维权意识及法律素养是不言而喻的，受到学生们的热烈欢迎。特别是有关女性权益保护方面的讲座，往往能够引起女生们强烈的反响与共鸣，一些同学还写出心得体会。这方面的讲座使女同学们真正明白了幸福生活只能靠自己奋斗。②每年都举办模拟法庭。以法律专业学生为主举办的模拟法庭是向全校学生开放的，每个学生都可以前来观看。这些模拟法庭举办得非常成功，弘扬了法治精神，营造了良好的法制环境。由于是学生们来担任各种角色，因此受到学生们的广泛欢迎。在选拔模拟法庭参与同学时，我们尽可能多选拔女同学参与。从审判员到审判长，从当事人到辩护律师，从书记员到证人，女生们的表现也往往可圈可点，不仅赢得旁观老师与学生们的赞许，也使她们的自信心与综合职业能力得到锻炼。③充分利用"3·15""4·26""12·4"等重要节日举办法制宣传与法律咨询活动。这些活动在为校园文化建设添砖加瓦的同时，更促进了参与学生法律素质的提高。

（三）坚持课外辅导，义务为学生提供法律咨询服务

法律老师们非常重视课外咨询辅导的作用。大家觉得课余免费为同学们提供法律帮助是义不容辞的责任。老师们把自己的手机号码及办公地点都提供给学生，欢迎同学们前来咨询与交流。这些年来，前来咨询或电话咨询的既有在校生也有毕业生，所咨询问题有暑期打工引发的薪酬纠纷的、消费者维权的、婚姻家庭财产纠纷的等。

通过以上手段与方法，我们感觉从同学们的信息反馈以及心得体会能够看出来，效果是显著的，但与此同时，我们也感到一些不足与遗憾。我校女生大多来自农村，是在封建宗法气息浓厚、男尊女卑思想根深蒂固的氛围下成长的。许多女生的自信心与参与精神不足，不知从何着手提升自身综合素质。个别女生面对花花绿绿、鱼龙混杂的城市生活缺乏清醒认识与警惕心，上当受骗或自甘沉沦者时有出现，令人痛心。还有个别女生因综合素质不高且又无背景，毕业之后四处打工漂泊，面对自身生存的巨大压力，不得不以婚姻换取饭票，结果事与愿违，由于没有稳定可靠的经济地位，导致在婚姻家庭中毫无话语权。还有的因生育的是女儿而备受歧视与虐待。一个个现实中残酷的例子使得笔者深感女生人文素质教育是一个长期的复杂的过程，并非一朝一夕能够完成。如何让这些象牙塔内的女生们既有想飞的心又有翱翔的翅膀，是我们所有教育工作者都应严肃对待的问题。

四、新时代教育思想观念大讨论之后的思索与体会

笔者在参加学校组织的新时代教育思想观念大讨论之后，又参

加了在苏州西交利物浦大学的研究导向型教学研修班。通过大讨论和研修班，笔者收获颇丰，对人才培养、专业建设、教学改革等有许多感想和感悟。

第一，教育思想观念必须转变，不能墨守成规不思进取。我所在的学校是一个新升本院校，发展建设的任务十分繁重。这需要广大教职员工齐心协力，共同奋进，必须摒弃专科办学的思维理念、教学及管理模式；必须加强师德师风教育，引导教师热爱教学、倾心教学、研究教学，潜心教书育人。教师们不能再认认真真培养自己、稀里马虎培养学生了。学生们也不能再终日浑浑噩噩、无所事事、玩手机打游戏、醉生梦死混日子、轻轻松松拿文凭了。从制度设计上对广大教职员工以及大学生们进行鞭策激励，使大家从思想上有紧迫感，从而奋发向上、积极进取，否则就被降级、被淘汰、被开除。

第二，教学改革必须落到实处。在信息爆炸的年代，如何把学生们从手机中拉到课堂上，激发学生自主学习、主动学习是每一所高校，也是每一个高校教师都应该深入思考探索的事情。西交利物浦大学的研究导向型教学模式值得我们学习和借鉴。

第三，制定措施扭转学风，学风建设必须常抓不懈。针对我国高校严进宽出的不合理现象，也应该下定决心予以改革，取消毕业清考以及制定更加严格的补考制度，让大学生们也要有危机感，不能再有恃无恐肆意挥霍青春年华。每一门课的平时考核和期末考核都要严格、科学。

第四，激励机制应进一步完善，真正激发教师们满腔热情投入教学。针对教师的量化考核制度应进一步完善，使之能够真正起到激励的作用。目前我校针对科研成果的奖励措施十分鼓舞人心，教师们很愿意投入大量精力到科研工作中去。科研成果既能获得学校的丰厚奖励，又能用来评职称获得晋升。反观教学工作，既耗时耗力又难以直接展现效果。认认真真备课讲课和随随便便糊弄两节课，课时费是一样的，而且一些总是逃课请假的学生也参与评教，其科学性真实性令人质疑。学校应该进一步加强在教学方面的奖励政策，通过政策的导向性使广大教师愿意在教学方面投入更多的精力。

综上所述，高等教育改革不能仅仅停留在口头上。每一所高校、高校的每一位教师都应该结合自己的工作实际，从自身做起，打造"金课"、杜绝"水课"，共同为提高高校教学质量贡献力量。

五、关于师德师风和校园文化建设的思考

经过十二年基础教育之后，学生们满怀憧憬与期待来到高等学府，从课堂教学到校园文化，我们应给这些莘莘学子展现一个什么样的高校？

首先，要狠抓师德师风建设，真正实现"学为人师，行为世范"。教师必须做到教书育人、为人师表。在现今的年度考核以及职称评审等各种不太科学合理的制度制约下，相当一批高校教师并没有将心思真正放在教书育人之上。有的教师忙于跑项目、争经费；有的忙于发论文、编专著；有的忙于校外的兼职创业赚大钱。这些教师因为主要精力都未放在教学工作上，因此课堂教学随意应付，课后辅导更无从谈起。虽然高校课堂教学改革喊了多年，但传统教学中的教师为主导现象在很多高校依然没有大的改观，教师讲、学生听的情况仍然普遍存在，大胆质疑、课上师生热烈讨论可谓凤毛麟角。学生们发自内心去钻研、去思索、去创新停留在想象中。之所以课堂教学改革如此流于形式，和教师们有很大关系。当然十二

年应试教育欲在高校实现反转的确不是一朝一夕之事，但我们不可因此放弃尝试改革。如果大家皆囿于传统，因循守旧、不思改变，那以学生为中心的课堂教学模式和教育理念永远只能是空话和口号。许多学生反映，和老师们的沟通交流很少，老师们上课才来，下课即走，平时也几乎不联络，如此一来师生关系十分淡漠。还有不少学生反映，如果有督导专家听课，老师会讲得很卖力，但没有督导听课，老师讲得就非常随意。试想教师讲课都如此功利投机，学生们每天耳濡目染，天长日久其后果自然可想而知。更有个别教师道德败坏，生活作风腐化堕落，甚至将魔掌伸向学生，师德已经到了令人发指的地步。

其次，校园文化建设要常抓不懈，要让学生们沉浸在积极向上的文化氛围里。近年来，各个高校都非常重视校园文化建设，也采取了多项措施。笔者认为，无论是专业技能竞赛、文艺体育活动还是广播板报宣传栏、微信微博公众号短视频等，内容上应严格把关，必须积极向上健康阳光，充满正能量；形式上应灵活多样，提高学生们参与的兴致和热情。另外，在中国这样一个人情社会，走后门、托关系似乎成为人们习以为常的行为。高校并非真正象牙之塔，社会不良风气也早已刮进了校园。为了净化校园环境，树立学生们正确的人生观、价值观、世界观，高校必须尽一切可能摒弃不良风气。凡是与学生切身利益密切相关的事项，比如评优评先、奖助学金评定、入党、选拔班干部等工作，一定要公开公正透明，从制度内容到具体程序都要讲求公平正义，扭转拉关系、跑门子等恶俗习气，使风清气正的氛围充满大学校园，不给精致的利己主义者提供生存的土壤。

六、课堂思政与思政课堂的实例

习总书记在全国高校思想政治工作会议上曾指出,高校思想政治工作关系高校培养什么样的人、如何培养人以及为谁培养人这个根本问题。要坚持把立德树人作为中心环节,把思想政治工作贯穿教育教学全过程,实现全程育人、全方位育人,努力开创我国高等教育事业发展新局面。的确,教书育人是教师的神圣职责,除了知识的传授、能力的培养之外,对学生思想道德的言传身教是不可或缺的。而思政教育绝不仅仅是思政课堂、思政教师的事情,各门课、各个教师都应守好一段渠、种好责任田,落实课堂思政与思政课堂紧密结合的重任。笔者作为一名法律教师,更是需要将思想政治、道德法治融入自己的教学与科研,积极落实课堂思政与思政课堂。现将相关事例列举如下。

笔者以"传统廉政观与法治廉政观的衔接与碰撞"为题,给学生进行法治思维理念的教育。其内容如下:在中华文明的发展过程中形成的具有鲜明中国特色的传统廉政观,与当今的法治廉政观相比,传统廉政观既有其现实价值也有其消极影响。在全面从严治党、狠抓反腐倡廉工作之际,有必要将二者的本质特点进行梳理对比,找出传统廉政观的可取之处,挖掘其现实意义,为法治廉政观的宣传弘扬提供借鉴与帮助。下面从对比传统廉政观与法治廉政观的实质与特点入手,阐述二者的区别,以期能为法治廉政观的树立与弘扬尽绵薄之力。

1. 传统廉政观的本质与特点

通过一代代精英阶层的理论探索与社会践行,中国传统廉政观有着极为丰富的内涵，但植根于专制政权的传统廉政观无法掩盖其浓厚的人治色彩。在"普天之下，莫非王土，率土之滨，莫非王臣"的皇权至上的专制体制下，统治阶级所倡导的廉政的根本目的与黎民百姓的需求存在法理上的矛盾与冲突，而且又因为儒家核心学说的不断渗透浸淫，使得君臣父子、三纲五常等不平等观念体现在思想意识与制度建设的方方面面。在这些因素的共同影响下，传统廉政观难以克服其历史与政治的局限性，有着鲜明的古代中国社会的特色与表现，具体来说主要有以下几点。

（1）根深蒂固的青天情结。在"青天大老爷"的呼喊与跪拜中，在"当官不为民做主，不如回家卖红薯"的津津乐道中，无论孟子的"民为贵、社稷次之，君为轻"以及唐太宗的"君，舟也；人，水也；水能载舟亦能覆舟"多么立意深刻，切中要害，国君官员乃百姓之父母的不平等意识已深深烙刻在中国人的灵魂与头脑中。原本在中国传统政治结构中就毫无任何权力的普通民众，只能祈求青天的出现来维护百姓的权利以及为百姓伸张正义，所以对青天的期盼、尊敬与崇拜成为中国传统廉政观的鲜明特点。而狄仁杰、包拯、海瑞、于成龙等清官则成为万民敬仰、千古流芳的廉吏楷模。时至今日，在普通大众中这样的清官情结与青天崇拜依然随处可见。因此，正如"无治人，则良法美意，反以殃民；有治人，则弊习陋规，皆成善政"（《呻吟语·外篇·治道》）之语，古人将清明政治寄希望于清官是传统廉政观的一大特色。

（2）推崇对当政者的道德教化与道德约束。廉政文化是中国古代政治文化遗产的靓丽风景。从诸子百家、圣人先贤到政治精英、文化名流，一代代思想家们对当政者道德修养之著书立说可谓卷帙浩繁、汗牛充栋。市井文化对清官们品德素质"高大上"的夸张演经更是家喻户晓、耳熟能详。修身明志、克己奉公、勤俭节约、廉洁自律、秉公执法、铁面无私、刚直不阿、孝悌忠信、礼义廉耻、心怀天下、爱民如子、举贤任能等诸多美好品质与德行的培养与修炼成为古代廉政建设的重要举措。撇开其作用与功效暂不论述，究其实质，恰恰印证了专制政治体制与法律制度根治腐败的无效无奈，同时也反映了传统廉政观的另一大特色，即将廉政建立在对当政者远超常人的道德预期与道德构建上。

（3）既重视又漠视廉政法制建设。中华法系为世界法制文明的发展做出了不可磨灭的贡献，而传统廉政法制内容又是中华法系的重要内容之一。从先秦到隋唐、明清，随着中央集权的日益巩固加强和官僚体系的日益庞大复杂，为维护统治阶级的长治久安，不断更迭的专制皇权都十分重视对官吏的治理与廉政的建设。有关惩饬贪吏、考课以及监察等廉政法制内容的典、律、令、例是历朝历代法律体系中不可或缺的重要组成部分。有些朝代甚至不惜重典治吏、重法制廉，尤以《大明律》与《明大诰》为典型代表。从这一层面讲，古代中国是十分重视廉政法制建设的，传统廉政观里也从未曾直接藐视法律的威严。但由于古代廉政法制陷入了逻辑上的悖论，因此，在具体的社会实践中，这些貌似详尽或宽松或严苛的法律制度往往成为一纸空文。因为廉政法律制度建设的根本目的在于对权力的限制、制约与监督，保障普通民众的权利与利益，实现社会的公平与正义。而在封建专制体制下，最高权力的拥有者皇权君权是超越法律、凌驾于法律之上的。即使皇帝君王之下的各级官员，法律明文规定的"八辟""八议"制度，也使封建贵族官僚的司法特权得到公开的、明确的保护。在"王子犯法与庶民同罪"的理论口号下，同罪不同罚的实践现实不仅暴露了专制法律制度的虚伪性，也证明了古代廉政法制建设不可能真正实现其制度设定的目的。封建专制政权是腐败产生的最核心原因，帝王的存在才是法律被藐视的根源，拥有绝对权力的天子才是帝国真正的法律。无论是善于纳谏的唐太宗还是刚愎自用的明太祖，无论是高薪养廉还是重法制廉，即使剥皮食草、凌迟枭首，一个个朝代还是在贪污腐败、骄奢淫逸中土崩瓦解、灰飞烟灭。专制统治者是永远打不开这个死结、走不出这个怪圈的。

（4）程序规则意识普遍欠缺。

马克思·韦伯曾指出，传统中国文化具有相对更讲求实质理性的特质。换言之，对传统中国文化而言，只要结果是"好"或"对"的，则过程及手段如何就相对不那么重要。这位著名学者的观点可谓一针见血。中国人的规则意识与其他民族对比区别显著，传统中国社会所追求的公平正义，实际是中庸变通的实质平衡，即结果的公平正义，至于程序是否公平正义则在所不问。重视程序规则从没有成为中国的文化传统，从立法到行政，从执法到司法，乃至世俗生活均如此。比如，中国古代廉政法制虽自成一体，颇为详细，但仔细研究会发现漏洞明显。古代众多地方官吏集行政权力与司法权力于一身，但如何高效廉洁地行使行政权与司法权，相关制度规则极少涉及，事后惩处贪腐的立法远多于防患于未然的立法。法律体系中相关廉政的程序性规则严重缺失，官员们处理政务更多依靠的是道德修养与经验智慧，其行政决策、司法断案显现出的是典型的人治特点，因此权力寻租和被滥用的机会大大增加。再如对廉吏清官们的评价也是如此，不论是有政德无政绩，还是有政德又有政绩，只要清贫廉洁就站在了万人仰止的道德高峰，至于其如何使用手中的权力来办事办案，程序方法是否合法无人探究，全体国民陷入集体无意识状态。程序规则意识欠缺带来的负面影响至今难以根除。

2. 法治廉政观的本质与特点

与传统廉政法制存在逻辑悖论不同，在人民民主专政的社会主义中国，廉政法制建设不存在任何法理与逻辑问题。因此，法治廉政观也与传统廉政观有着本质的差异。法治廉政观是依法治国理念在廉政建设上的体现，充分反映了人民主体、依法行政、严格执法、公正司法以及法律面前人人平等的法治精神与法治内涵，有着法治社会的特征与表现。

（1）当政者必须牢固树立服务意识与公仆意识。与传统社会将帝王官员视为百姓的父母长辈不同，社会主义中国的国体和政体都决定了人民才是国家的主人，国家的一切权力属于人民，最高权力机关是全国人民代表大会。一切权力实际运行主体的权力都来自人民的授权。因此，为人民服务、做人民的公仆具有法理与逻辑上的合法性与正当性。体现在法治廉政观念上，即当政者必须牢固树立服务意识与公仆意识，坚持以人为本，执政为民，从灵魂深处认识到广大人民群众才是执政者真正的衣食父母，必须坚持全心全意为人民服务，全心全意做人民的公仆。这也是法治廉政观在思想意识层面上的最基本要求。

（2）权力的行使受到宪法和法律的严格制约。廉政与否和当政者的道德修养密切相关，但廉政的核心是制度规则的建立与约束，而不仅是道德的自省与提升。这正是法治廉政观与传统廉政观又一显著区别。所以，法治廉政观念下，有法可依、有法必依、执法必严、违法必究紧密相连，缺一不可。法律是治国之重器，良法是善治之前提。从廉政制度建设的视野来讲，首先，需要制定完善与廉政相关的法律法规，建立健全科学严谨完备的廉政法律体系，使权力这一猛虎能够在宪法与法律的笼子里合理合法高效地行使和运转。从政务的公开透明到官员财产的公示，从公务人员的选拔、考核到升降、监督，从决策的制定实施到效果评估，甚或公务接待、人情往来的规格标准、数值范围等都应当依靠一系列法律法规来进行规范指导，从而防微杜渐，抑制腐败的滋生。所以既要有预防的法律制度，又要有监督的法律制度，还要有惩戒的法律制度，真正做到权力未动，规范先行。其次，要严格执法。有了良法善法的保驾护航，如果没有严格的执法与惩戒，那么再好的法律也会失去作用。

（3）程序优于实体的制度思维。法治廉政观的一个显著特征即重视程序规则，制度设定必须首先实现程序公正。正如马丁·路德·金所言，人们不可能通过邪恶的手段来达到美好的目的。就立法、行政与司法而言，不尊重立法程序，怎可能制定出良法善法；不尊重行政程序，怎可能实现决策与执行的科学合理；不尊重司法程序，冤假错案就会不断出现。所以树立程序优先的意识，才能最大程度实现公平与正义，才能保证好的廉政制度的出台、贯彻及执行，才能最有效避免腐败的出现。如果忽视程序也能获得结果正义，比如领导干部一言堂的决策也可能结果很好，但那只是侥幸而非必然，且显露出的是人治的权威而非法治的效果，程序不正当带来的恶果远大于良果。诸多落马的贪官大权独揽、一手遮天、唯我独尊，口头上重程序、重监督、重民主集中制，但行动上却是一言堂、家长制，既辜负了国家和人民，也害苦了自己和家人。

（4）平等公平正义等法治理念的深入人心。廉政建设是一项系统性政治工程。廉政的实现不仅仅依靠法律的进步与完善，也有赖于民众整体法治理念的确立与提升。因为反腐治贪离不开公众的参与、监督。人民群众的广泛参与和支持是确保实现廉政的有效手段，而民众广泛参与的前提是民众具备这样的法治意识和法律素养。以廉政建设效果突出的新加坡为例，全民都接受廉政教育，通过图片、教材、讲座、广告等各种形式来提高全民的法治意识与法律素养，让贪污腐败陷入人民战争的汪洋大海中无处藏身。因此法治廉政观既需要进行法律法规的硬件建设，也需要开展法治理念的软件培养，只有全体国民的法治精神和法律素养都得到了提升，才能够形成有利于法治廉政观确立发展的文化氛围与社会环境。

3. 传统廉政观对法治廉政观确立的现实意义

虽然传统廉政观有着明显的封建落后意识，但作为几千年古老文明积淀的成果，在当今时代依然有可以吸收借鉴的地方；其不足与弊端，也为今天的廉政建设提供了经验与教训。

（1）廉政建设离不开政德的培养、提升。几千年来，法律与道德在治理国家中的作用，一直是相辅相成、缺一不可的。在廉政制度建设中，我们同样不能忽视道德的教化与内省作用。传统廉政观里对德政、廉政的学说与主张对今天公职人员的政德的培养提升作用依然不可小觑。作为最低道德的法律不是万能的，再完备的法律也会存在瑕疵与漏洞，如果人们刻意去钻法律的空子，立法者很难保障法律无懈可击。所以作为最高法律的道德是不可或缺的。廉政法规是外部规范，而道德修养是内心的自律。国家公务人员以及党的领导干部应该学习借鉴传统廉政文化遗产里的积极成果，常修为政之德、常思贪欲之害、常怀律己之心，不断加强自身修养，坚守职业道德规范，坚持廉洁自律、勤政为民的政治理念，增强拒腐防变的决心与信心。

将清明政治与廉洁政府寄托在清官的横空出世上是传统中国社会人治的反映，在讲求依法治国的今天，其落后性显而易见。但这并不意味着清官情结就一无是处。虽然法治廉政观强调法律法规的监督制约，然一个因惧怕法律而不敢贪腐的官员和一个发自内心廉洁自律的官员，其道德修养之差距不言自明。这些无形的素养也会在其为政之路上反映出来。一个国家公务人员如果能够以清官的品行修养要求自己，并且践行在自己的工作与生活中，从小的方面讲，他会得到人民群众的肯定赞扬；从大的方面讲，有利于凝聚人心，有利于和谐政府与民众的关系。尤其对于党员领导干部来说，不仅应该学习清官，更应该超越清官，以更加严格的标准来要求自己，真正发挥共产党员与领导干部的先锋模范作用，成为法治社会的德才兼备的新时代清官。众多老一辈无产阶级革命家之所以受到百姓们的敬仰爱戴，就是因为他们具有比封建时代清官们更高的道德水准、更坚定的理想信念和更无私奉献的精神情怀，即便在法治社会，我们也依然需要这样的典范与楷模。

（2）必须彻底清除封建专制意识的余毒。法治廉政观的树立需要社会公众具备平等自由、公平正义等现代法治精神与法治理念，民众对廉政建设的自觉意识和参与意识强烈而积极。但千百年来封建专制思想对国人意识观念的深远影响，使得普通民众头脑之中的法治精神欠缺而封建意识浓厚，如习惯于不遵守规则而遵守潜规则的走后门现象，对权力身份的热捧和追逐，对独断专行与一言堂的懦弱服从，对尊卑等级观念的认可肯定，包括事不关己高高挂起的消极态度等都是与法治精神相违背的。很难想象在这样的文化氛围中能够确立起法治廉政观。所以，必须彻底清除封建专制意识的余毒，培养提高全体国民的法治意识与法律素养，使普通国民不仅遵纪守法，更重要的是敢于拿起宪法和法律的武器维护自身的合法权益，与贪污腐败做斗争，为实现社会的公平正义而奋斗。只有这样的法治精神与法治思维深深扎根在普通国民的头脑之中，我们才能够真正树立起法治廉政观。

总之，无论传统廉政观还是法治廉政观都是时代发展的产物。随着社会主义法治建设的不断推进，法治廉政观的树立与宣传也日益得到人们的重视。反腐倡廉工作是关乎一个国家、一个政党长治久安、生死存亡的重中之重。党的十八届四中全会特别强调，要坚定不移反对腐败，要实现政治清明与社会公正，要坚持法治国家、法治政府、法治社会一体建设。在这样的背景与机遇下，为更好地理解与诠释法治廉政观，有必要分析对比传统廉政观的得与失、优与劣，吸取其经验教训，以便为法治廉政观的确立宣传，以及提升全民的法治精神与法律素养，推进社会主义法治建设做出贡献。

对大学生们进行法治廉政观教育，也是让学生们摒弃头脑里的落后观念，真正树立现代法治观念。由此联想到平等自由公平等意识的培养。由于传统文化强大的生命力，其精华与糟粕都一代代传承下来，无论是家庭、学校还是社会，都无法提供纯净的仅仅只包含积极因素的文化氛围，所以在现今大学生思想理念中，既有与平等自由公平规则等精神意识相适应的正面成分，也有与之相违背的负面成分，如何发扬其精华去除其糟粕才是我们当今应该关注的重点。平等自由公平规则等精神意识的养成不是一蹴而就的，应从幼年起就开始潜移默化地灌输与培养，高等教育只是进一步加强与深化。高校无法控制基础教育和家庭教育，但大学生走进了高等学府，高校就应责无旁贷担负起为社会培养具备现代法治理念与思维的合格接班人与建设者的重任。

第三节　课程体系与专业建设的思考与实践

课程体系的构建对专业人才培养目标的实现是举足轻重的，而且也是人才培养方案制定时最棘手的部分。虽然根据教育部颁布的《普通高等学校本科专业类教学质量国家标准》，每个本科专业都有国家规定的核心课程，但是对于一个专业人才培养方案来说，核心课程只是课程体系的重要组成部分，并非全部。课程体系需要针对培养目标、学校实际、社会需求等各个方面科学地构建。笔者多次主持和参与人才培养方案的制定，下面谈一些粗浅的想法。

一、法学专业实践课程体系的构建

随着法治社会的确立和发展，法学专业在我国发展速度很快。因开设门槛低，众多学校一哄而上导致毕业生一次性就业率低，法学专业被多次列为就业红牌专业。但是学生未来就业前景可期待值高，每年报考学生人数依然极为可观，其后果就是每年法学专业毕业生就业竞争压力非常巨大。为提高法学专业毕业生的就业竞争力，培养出高素质、应用型人才，必须在实践能力上下功夫。

在法学专业的教学过程中，许多课程和教学环节都包含着实践内容，却欠缺系统性与科学性，未形成稳定的实践课程体系。为培养出高素质、创新型、应用型法律人才，必须构建较为完善的实践课程体系。为使实践课程体系有针对性，能够与社会的需求及学生们的期望更加吻合，笔者首先广泛开展了社会调研。通过对河南一些兄弟院校以及一些基层法律服务部门的调查访谈，发现了一些共性问题。同时又针对法学专业的学生专门进行了问卷调查。通过对收回的有效问卷整理发现，绝大多数学生对实践教学的要求十分迫切，强烈希望实践教学能够提高他们理论联系实际、学以致用的能力。通过这些调研活动，又结合笔者近年来对法律类专业学生的执教经验与教训，对法学专业实践课程体系的现状与存在的问题有了比较清晰的认识，对实践课程体系构建的目标与方向也有了明确的思路，具体归纳总结如下。

1. 法学专业实践课程体系现状与存在问题

当前法学专业的专业教学中，许多学校的理论教学占据了几乎全部的教学时间，其经典模式就是"灌输式"的课堂讲授。教师极少从法律课程本身的实践性、操作性出发来训练学生的实践能力和动手能力。这些问题出现的主要原因有：

（1）实践教学尚未体系化、模式化、系统化、规范化。实践性教学往往缺乏协调与统一，没有明确的计划和大纲指引，因此对学生的职业能力训练不够科学系统。

（2）实践教学缺乏必备的师资。实施实践教学需要教师同时具备理论和实践经验，既能对理论融会贯通，可以从学术的角度高屋建瓴地指导实践，又能在实践中熟练、恰当地运用理论。唯有如此，才能在教学时得心应手、深入浅出。许多教师都是从学校到学校，实际操作能力十分欠缺。有些教师虽有律师执业资格，但真正参与办案的却很少，同时由于实践教学需要教师投入相当多的时间、精力，而现有职称评定等制度主要以科研成果为衡量标准，使得教师难以在此方面投入充足精力。

（3）实践教学缺乏足够的投入。相比理论教学，实践教学需要更多的资金投入，比如模拟法庭的建立、校外实习实训基地的建设，而资金的缺乏是不少学校都存在的问题。笔者在调研过程中发现，个别学校法律课程连全部实现多媒体教学都是一个遥远的目标，而多媒体教学对法律类专业教学的重要性是不言而喻的。

2. 法学专业实践课程体系构建的思路

（1）在专业人才培养方案中与理论课程体系紧密配合，建立配套实践课程体系。

构建实践课程体系应从制定专业人才培养方案入手，其中的实践课程体系应与理论课程体系环环相扣、相互对应，充分体现法律职业能力培养的要求，应对实践教学进度、专业课程实验实训项目计划、综合实验实训项目计划等做出详尽的安排，在教学活动的组织和学生成绩的考核等方面突出实践能力的培养。比如实践教学进度表和专业课程的实验实训项目计划中，学生的职业能力专项训练项目应随着不同的专业课程来设定：诉讼法要组织学生举办模拟法庭和庭审辩论；合同法要训练学生起草合同文本、模拟合同谈判；法律文书要训练学生各种司法文书的写作。在实施过程中，要避免计划流于形式，执行不到位。

笔者认为不同学期应根据学生的实际情况和法律职业要求，分阶段有步骤地安排不同的综合实训项目，训练学生们的逻辑思维、口头表达、法律文书写作等相关法律职业能力。在这些实践课程体系建立之后，教师应严格遵守实践课程体系安排，防止实践教学的随意性。笔者曾对几个兄弟院校多门法律课程的实践性教学情况进行了调查，发现虽然教师授课都注重理论联系实际，穿插案例分析、利用多媒体播放典型案件，也时常组织学生课堂讨论，但根本没有建立专门的实践课程体系，或者虽有实践教学计划，但严格履行计划、有步骤有目的地锻炼学生的实践动手能力者甚少。毋庸置疑，这样的状况肯定影响实践教学目标的实现。

（2）制定与完善各专业课程的实验实训指导书。法学专业每一位专业课教师必须为所授课程制定详细的实验实训指导书，与教学大纲配套，并规范各实践训练的内容和时间。实验实训指导书整体要做到集中实践教学与各课程分散实践教学、单元训练与综合训练合理配置，有机联系，利用多种形式将课堂理论与实践结合起来。

（3）努力构建"双师型"教师队伍。推行实践教学，提高学生应用知识的能力，离不开教师自身能力的提高和知识结构的改变。要培养出高素质的应用型法律人才，必须有一批"双师型"教师。教师课余应该在法律实务部门挂职锻炼或担任企业法律顾问，通过实际办案经验的积累沉淀，为提升实践教学水平打下坚实基础。学校也应出台相应的激励措施，促进教师参与法律实践，引导教师加大实践性教学的探索与运用。同时，也可以聘请一些司法部门的业务骨干担任兼职教师，为学生讲授一些实践性、操作性很强的课程，从整体上加强师资队伍建设，优化教师结构。

（4）坚持不懈地进行教学改革，采取多种措施加大实践性教学力度。实践课程体系的建立是以法律职业教育的特点和要求为指导，通过教学活动的各个领域与环节来实现的。

（5）加强实践教学基地等硬件建设。在重视法学实践课程建设的同时，也应重视法学实践基地的建设。学校应与法院、检察院、仲裁委员会、律师事务所、法律服务所等法律实务工作部门建立联系，形成长期的共建合作关系。同时学校也应建立校内实训基地，如模拟法庭实训室、法律咨询服务室等,通过校内外实习实训基地的建设,为学生的实习实训提供充足的平台。另外,还可以通过现代化的教学设施来弥补实习实训基地不足的问题,如制作一些优秀课件,拍摄一些典型案例,通过网络、电脑模拟等让学生接触、感受更多的实践内容。有的教师将课堂变法庭,随堂进行庭审辩论活动,也不失为有效的方法。

总之,法学专业教育是素质教育和专业教育基础上的职业教育,具有很强的应用性和实践性。法学专业教师应根据本校实际情况,努力探索研究符合本校校情的实践课程体系,尽快形成模拟法庭、庭审观摩、案例教学、实习实训等实践教学模式,进一步制定完善实验实训教学计划和实践教学大纲,编撰系列实验实训教材,构成本校较为成熟的实践性课程教学体系;并且应将这些研究成果尽快投入实践教学工作中,用教学实践来检验成果的可行性。

我校法律事务专业是2004年开始招生的,专业开办之初,由于师资薄弱、经验不足,加之学生的专科学历层次较低,导致对口就业不畅,因此给法律事务专业的招生带来很大的负面影响:学生第一志愿报考率在全校垫底,多数学生是调剂来的,到校后申请转专业的学生也特别多。为扭转这种不利局面,提高办学质量,全体法律教师从人才培养方案与课程体系建设入手,持续不断进行研究探索实践,在保证学生掌握基础法律理论的前提下,大力开展实践教学改革,通过一系列举措,不断提升我校法律毕业生的职业实操技能,尽可能缩短从新毕业学生到职场熟练员工之间的时间。上文所谈到的措施经过在三四届学生中的实践,效果极为显著,远远超出预期,我校的毕业生得到诸多用人单位的肯定。目前,法律事务专业的报考率、第一志愿上线率在我校已经名列前茅。曾经的学生申请转出的专业早已变为学生申请转入的专业。尤其是第一批事业已经做得风生水起的优秀毕业生，对在校的学弟学妹们起了极大的鼓舞激励作用。

二、对家政服务与管理专业先创设又停招的反思

高校专业的开办设置是一个非常严肃的事情，它涉及学生的成长与未来、学校的发展和生存。任何一个专业的申报论证都应当慎之又慎，否则仅凭领导意志或一时冲动拍脑袋上马，带来的后果常是惨痛的。通过对我校家政服务与管理专业论证、申报、招生、就业、建设、停招的全过程的反思，希望给高校专业设置提供一些借鉴。

（一）我校家政服务与管理专业设立与建设基本情况介绍

（1）家政服务与管理专业之申报论证。2011年上半年，根据学校的安排，笔者负责老年服务与管理这个新专业的专业申报论证工作。在论证报告提交之后，2011年暑假中，接到教务处的电话通知，要求改为论证家政服务与管理专业。在时间仓促的情况下，我只好上网搜集资料，借鉴学习其他学校的人才培养方案完成了我们的论证任务。家政服务与管理专业培养目标定位为："培养拥护党的基本路线、坚持四项基本原则，适应新型工业化社会服务和管理第一线需要的，德、智、体、美等方面全面发展的，具有家政服务与管理专业必备的基础理论知识和专门知识，掌握从事家政服务与管理以及社会其他公共服务及管理的实际工作的基本能力和基本技能，掌握从事家政服务与管理以及社会其他公共服务及管理的实际工作的基本能力和基本技能，培养掌握家政公司管理、家居美化与布置、

个人形象塑造、家庭营养配餐与制作、家庭护理、具有良好职业道德和敬业精神的高素质、高技能型专门人才。"可以说，家政服务专业的前期调研论证工作做的是不充分的。

（2）家政服务与管理专业之招生。2012年家政服务与管理专业正式开始招生。招生之初，我们面临的困难很多，首先是师资人才严重缺乏，全系没有一个科班出身的专业教师（唯一一个专业老师——教研室主任是从心理中心转过来的）。其次是家政服务与管理专业的课程体系设置比较杂乱（因为没有授课教师，所以也不敢加方向），给人的感觉似乎东一榔头西一棒槌，缺乏逻辑性、严谨性、科学性。为顺利完成招生工作，我系连续两年在暑期采取了积极主动的措施，由两位副主任、一位副书记和办公室主任、教学秘书、团总支书记、教研室主任等分成三个小组，逐一和已录取的学生电话联系，介绍专业和学校的情况，认真解释家长和学生提出的问题，最终效果比较满意，报到率超过了80%。

（3）家政服务与管理专业之运行状况。招生工作顺利完成后，为稳定学生专业思想以及专业未来的完善发展与壮大，我系采取了一系列的举措。第一是重视对新生开展的专业介绍活动。首届学生的专业介绍由笔者亲自承担，笔者认真准备了课件与讲稿，介绍效果良好，鼓舞了学生们的士气，激发了他们的学习热情。第二是重视校内实训基地建设，积极论证申请建立了"社区管理与家政服务实训室"，并利用我校自身的人才优势，开发了教学软件（已安装到服务器上，并且已验收合格）。第三为吸收借鉴兄弟院校的经验教训，我系领导班子带领相关教师，先后到洛阳理工学院、河南工程学院、郑州师范学院等学习考察，主要了解了相关专业的办学情况。由于省内高校开办家政专业的很少，所以，2012年12月份，笔者与教研室主任前往教育部确立的国家示范性骨干高职院校——重庆城市管理职业学院考察（其家政服务专业开设于2002年）。第四是注重理论探讨，加强学术交流，2012年4月上旬，我系主要几位领导参加了在郑州师范学院召开的郑州市社会学学会。2012年暑假，系主任又参加了在北京召开的中国社会学年会。第五是在与兄弟院校交流学习的同时，我们也进行了大量的市场调研，2012年下学期期间，教研室主任带领学生做了郑州市家政市场的调查；2013年9月末系领导又带领教研室三位教师前往金水区未来路街道办事处、三鼎家政公司等单位进行考察交流，了解市场现状，并就实训基地建设事宜与对方进行合作洽谈。除此以外，我们还与杭州信诺家政综合服务公司、上海爱君家政公司等进行了交流。第六是除了采取积极走出去的措施，我们也适时地采用请进来的方式。2013年4月邀请上海和佑养老集团董事长陈琳翰先生来校讲学，并为之颁发了客座教授聘书，还签订了合作协议。2013年10月又邀请三鼎家政公司总经理李德强先生来校讲学并为之颁发了客座教授聘书。两位客座教授为我校家政服务专业的办学定位、人才培养、课程设置以及实习实训都提出了宝贵的意见和建议，为家政服务专业的专业的建设贡献了一分力量。

（4）家政服务与管理专业之课程设置。我们围绕着家政服务与管理专业的培养目标，设置课程体系，除了公共课、文化基础课及选修课外，专业基础课与专业课开设的有社会学概论、家政学概论、发展心理学、社会工作实务、家庭教育学、民法、家政企业日常管理、沟通技巧、市场营销、形象设计、秘书理论与实务、家政服务与管理、家居布置与美化、中餐制作、营养与配餐、家庭理财、护理与保健共17门。这样的专业安排，是学习借鉴其他院校家政服务与管理专业开课情况并联系我校实际情况的结果,但我们自己并不满意这样的课程设置。虽然家政服务与管理专业的特性决定了家政工作人员应当具备综合素质,需要课程涉猎面广泛,但总体还是感觉有些庞杂,缺乏系统性。

(5) 家政服务与管理专业取得的成绩与存在的不足。在采取以上一系列举措以后,家政服务与管理专业取得了初步的成果。学生们的专业思想基本稳定,要求转专业的学生人数未超过先前的预想。实习实训基地初步建立,教研室初具规模已有三位专职教师。虽然新的专业建设取得了以上成绩,但毕竟是新设专业,还存在一些亟须解决的问题,比如,家政服务与管理专业虽然市场前景广阔,未来发展前途光明,但家长与学生的认可度比较低,专业宣传解释工作难度很大。因为人们择业观念陈旧,制约了该专业的招生。家政服务业是从传统家庭服务脱胎发展起来的新行业,社会上还存在误解与偏差,不能像发达国家那样,把它当作一份正当、体面的职业来看。在人们心目中极易把家政服务员与保姆、仆人等画等号,未能从新兴产业的角度来看待它,总认为这一行当丢人、没面子、伺候人、受歧视,而且专业名称也容易使人们与老妈子、丫鬟、佣人等联系起来,家长与学生思想上根本无法接受十多年寒窗苦读换来的这一自觉低人一等的专业。所以即使未来有不错的就业前景与薪水,家长与学生内心也十分抵制这一专业,不情愿涉足此行业。从招生的生源分析,家长都想要让子女找到一份体面的工作,特别是城市子女都不选择这个职业,生源大多数来自农村。因此当时招生大多都是调剂而来,真正是考生自选的寥寥无几。当然,存在这一状况的不是我校一家,据《海峡都市报》报道,福建华南女子职业学院与福州英华职业学院家政专业的毕业生,从事家政专业的寥寥无几。因招不到学生,该专业差点被迫取消。另据《中国教育报》2007年2月8日第2版报道,2005年后相继又有几所学院停止了家政服务专业的招生。家政服务行业虽人才紧缺,但高校家政服务专业却陷入深深的招生困境。全体教师对该专业的市场前景与未来发展充满担忧。

(二) 我校家政服务与管理专业存在的问题及原因分析

(1) 前期调研不足,因此专业定位不清晰,课程设置不科学。由于从学校布置任务到最后完成论证只有三天的时间,所以家政服务与管理专业的设置并未进行充分的市场调研,也未能到相关院校去学习考察,毫无家政服务专业背景的论证人对此专业的来龙去脉、现状未来、招生就业等情况并没有整体的、全局的、清晰的认识,两眼一抹黑、硬着头皮全凭网络资料的搜寻、复制、粘贴完成论证。所以专业定位不清晰,论述笼统,课程体系建设十分困难。也因此造成作为专业建设核心点与关键点的课程设置先天不足,颇有拼凑之嫌,缺乏逻辑性、严谨性、科学性,只能大量开设我校现有专业已开设的课程。实际上,从1988年我国第一所家政专业学校武汉现代家政学校(武汉家政职业学院的前身)的成立到目前河北工业职业技术学院、山东菏泽家政职业学院、广东清远职业学院家政学院家政专业的发展,高职院校的家政专业经历了一段艰难而曲折的发展路程。不少院校因为招生困难曾暂停了招生。而后随着经济的发展与社会的需求才又逐步恢复招生,但规模也都比较小,且往往细化了培养方向,否则毕业生愿意对口就业者屈指可数。

(2) 该专业毕竟是一个新兴专业,并没有一个很成熟的课程体系,所以课程设置普遍存在杂乱现象。家政作为一门学科起源于美国。1869年，美国依柯华大学为该校女生首开"持家学"，这是最早带有家政性质的实用课程，内容包括理家、烹饪等。在我国，由于家政服务专业是近些年才开设的，还未能形成十分成熟有效的课程体系。从网络搜集的资料以及市场调研来看，许多开设了此专业的学校在课程设置上存在相同的困惑。家政专业工种繁杂，包括20多个门类，如家庭职业保姆、月嫂、钟点工、老人护理、病人护理、家教、保洁、家庭小秘书等，涉及知识内容丰富，可以说，家政专业知识整合了与日常生活密切相关的社会科学和自然科学知识，学习内容繁杂。家政专业是以多门相关学科的科研成果来培养高级家政服务与管理专门人才的学业门类，一般都会设置诸如家政学概论、家政服务与管理、家政企业经营模式、家庭教育、家庭社会学、家庭心理学、婴幼儿心理发展与教育、物业管理、办公自动化、家政法规、服务礼仪、财务管理、社会工作、母婴护理、老年护理、公共关系学、家庭理财、管理学原理、家庭保健与护理、膳食营养、家庭烹饪工艺、茶艺、插花艺术、服装服饰、美容美发与化妆、家居布置与美化、家政法规、涉外家政专业英语、家政基础技能等课程。课程开设的随意性比较明显，课程之间的逻辑性、系统性、衔接性、关联性不强，没有形成强化素质、锻炼技能的科学合理、行之有效的体系。其普遍存在课程总门数多，内容重复交叉多，体系结构缺乏内在逻辑，宏观调控不足，而微观具体指导也是蜻蜓点水，并不深入细致。这造成学生知识结构和专业能力与社会需求脱节，影响学生的全面和谐发展。

（3）该专业设置之初，专业教师严重匮乏，导致出现因人设课现象。

家政服务专业招生之时，我系没有一个真正科班出身的专业教师，论证负责人对该专业也是初次接触，教研室主任对该专业也是一知半解，现有师资对家政服务与管理专业都十分陌生，以致我们在开课时，不得不从现有师资、我校各专业现有课程（如公共管理系的法律课程，食品系的中西餐制作、营养配餐课程，艺术系的室内设计、服装色彩课程，文传系的社会学、社会工作实务、公关礼仪、秘书理论等）去挑选开设，并未能从家政服务与管理专业的实际市场需求出发。好在第一学期所开课程大多为公共课程或文化基础课程，师资紧缺问题还未凸显，但即便如此，在实际上课之后，学生总感觉所学课程无用，一再向系里反映，师生矛盾时有发生。与此同时也因为没有专业教师，师生沟通交流不畅。其他专业授课教师在授课中难以与家政服务与管理专业紧密结合。家政服务与管理专业学生总感觉老师所讲与自己所学专业距离较远。虽然2013年下半年学校给我们配了两名专业课教师，但是由于家政服务业存在长年的教育和培养断层，这方面的教学研究成果和人才培养模式、课程体系建设存在诸多不足，没有一套完善的教学体系，甚至没有一套现成的教材，教学资料不够充足。这都给专业教学带来很多困扰与难题。如何顺利授课也是专业教师们急待解决的问题。我校家政专业的专业课教师每次走上讲台前，都需要大量地搜集整理信息与整合教学资料，真正是台上一分钟，台下十年功。紧张的教学和现实的混乱课程体系困境，让担任家政专业授课任务的教师步履艰辛。

其实，当年我们对家政服务与管理专业的课程设置情况也进行了一些调研。多数家政服务与管理专业的课程设置是根据专业方向来定的，比如营养师方向、早期教育方向、育婴方向、高级管家方向、西餐方向、家政保健方向等。还有些院校将家政服务专业的课程进行模块划分，比如分为营养保健模块、早期教育模块、老年护理模块、家庭管理模块等，学生可以自由选择。我们对家政服务行业市场需求情况也进行了调研。家政产业在许多发达国家早已成为服务行业的重要部门。英国、美国、日本等发达国家已经进入家政产业繁荣发展阶段。而在发展中国家，菲律宾的家务雇工也构成了有一定影响的一个群体，"菲佣"作为一个家政服务的品牌，占据了东南亚、欧美国家这些成熟的家政服务市场的绝大部分份额。北京、上海、深圳等城市已经有少量进入。在我国，家庭服务业年均增长速度保持在20%左右，但如此迅猛发展的势头依然不能满足市场的需求。家政行业的服务供给仅占需求的约三分之一。家政行业的国内市场存在明显的供需缺口。

通过调研我们发现，目前家政行业所需人才主要有以下三个层次。一是低端一线人员，包括普通保洁员、普通钟点工、初级月嫂、家庭简单护理员等。这部分人需求量非常大，大部分由进城务工人员担任，因此从业人员普遍存在学识学历水平低，专业素质不高，人员流动性大，季节性用工短缺现象严重，优质服务员紧缺等问题。二是具有一定专业特长的家政服务员，比如掌握一定家电维修保养、婴幼儿护理保健、早期教育、老年康复护理、营养配餐制作等知识的蓝领技术人员，如育婴师、按摩师、金牌专家月嫂等。这部分人才缺口也很大，不少家政公司存在以次充好现象。三是高端家政管理人才或高级家政服务人才，属于既进得厅堂，也入得厨房的多元化服务人才。随着我国经济的快速发展和劳动的社会化、生活的现代化，尤其是高收入人群的增多，对高级家政服务人才需求旺盛。就目前的郑州市场而言，小而散的家政企业缺乏前两种人才，但具备一定规模或已连锁经营的家政企业则对第三类人才有更迫切的需求。国外的高级家政企业通常采用校企一体化，即企业本身包含教育培训和经营双重功能。我国现今的家政企业多数难以企及。

（三）基于市场需求对我校家政服务与管理专业的课程设置所进行的探索与思考

（1）与家政服务市场人才需求相对接来进行课程设置。通过上述市场调研情况可知，家政企业所需的三类人才对课程要求是不同的，第一类人才通过短期培训即可满足要求，第二类与第三类则需专门的课堂教学与专业实习实训才能达到，课程的开设也有着较高的要求。从上文列举的院校来看，家政服务与管理专业如果不分方向，则课程设置会比较杂乱，形不成较完整的体系。如果加上方向（营养师方向、早教或育婴师方向、高级家政管理方向、家政保健方向、护理康复方向等），则课程设置较为完整统一，能够围绕专业方向来开设。短期培训的课程，应当以实操训练为主。而一些高层次的人才培养，自然应理论与实践相结合，知识与技能相结合，课程设置理当拓展与延伸。

（2）我校家政服务与管理专业定位与培养目标对课程设置的负面影响。我校家政服务与管理专业课程设置之所以有杂乱堆砌之嫌，根本原因在于专业定位与培养目标不明确，就业岗位群描述得不具体不清晰，人才培养方案对这些关键点的描述太过笼统。

（3）进一步明确专业培养方向与培养目标。不同层次的人才对课程的开设有着不同的需求。所以为避免课程设置的杂乱无章，首先就要明确我校家政服务与管理专业的培养方向与培养目标。而且家政服务员向专业化和职业化方向发展也是一个必然的趋势。第一个低端人才层次显然不符合我校的实际情况，而第二、第三个层次对师资的专业能力以及实训基地有着较高的要求,但目前我校的实际师资与实训基地情况暂时无法满足。如果整合全校的资源,我校在专业技能人才以及高级家政服务人才的培养上,还是有着一定的条件和优势的。比如营养师方向,由于我校的食品系开设有烹饪工艺与营养专业,该专业所讲授的烹饪工艺、西餐工艺、面点工艺、烹饪营养、营养配餐等课程完全可以为我专业所用。另外早期教育与康复护理方向,依托我校的心理健康中心与校医院的人才资源,也基本能够满足教学与实习实训的要求。而且一旦明确了培养方向与培养目标,课程设置的难题将迎刃而解。专业定位上应不求大而全,强调满足市场需要,学生好就业。

(4)必须基于市场需求来设置课程体系。2013年12月3日,我系在学校行政楼五楼会议室举办了专业建设研讨会。会上校领导、教务处长、招就处处长、系领导、教研室教师等各抒己见,为家政服务与管理专业的建设发展献计献策。我们总结了专业研讨与专业调研的成果,并将之体现在随后修订完善的专业人才培养方案中。比如,既然大家都已经认识到目前的课程设置太庞杂,似乎面面俱到,但其实又什么都学不精,所以人才培养方案修订时我们定位更清晰,培养目标更具体明确。考虑到我校的前身是一个老牌的商贸流通领域的专科学校,经贸与管理方面的专业办学水准在全省享有盛名。因此,给家政专业加上了企业管理方向,以促进招生与就业工作。以市场需求为导向,明确我专业不是培训保姆与普通的家政服务员,而是要培养打造家政行业的优秀管理者。我校家政服务专业应侧重于培养各类型家政服务企业优秀管理人才,其课程设置应紧扣职业标准,立足家政企业实际管理工作岗位的工作任务要求,同时又具备基层一线家政服务技能,以培养学生职业能力为目标来安排。我们不仅要让学生有一技之长，更要具有较强的可持续发展能力，以适应未来更广阔的家政市场需求。而且整个课程体系也是紧紧围绕管理二字展开，比如家政企业管理、人力资源管理、家政日常业务管理、家政企业营销，等等。

除了专业建设研讨以外，我系对三鼎家政公司、上海和佑养老集团、杭州信诺家政综合服务公司、上海爱君家政公司等家政企业的调研也显示，随着家政市场的不断扩大，家政企业的发展速度与发展规模也令人惊叹。但家政企业在大发展的同时，也面临着人才短缺的问题。尤其是大型连锁经营的家政企业，像三鼎家政公司的老总就表示，我系现有家政专业所有毕业生全要，也不能满足其市场拓展对管理岗位人才的需要。家政行业门槛虽低，但对经营管理的要求却很高，家政企业未来的发展方向必然是正规化、标准化、流程化、规模化，甚或还包括电商化、智能化，需要有科学的运营与服务模式。基于专业研讨与市场调研的结果，我们认为家政服务与管理专业加上企业管理方向应该是可行的，我们培养的是符合家政服务企业特点的管理型人才。这样的方向定位，从名称上也更能为家长和学生所接受，有利于今后的招生，同时，还避免了师生对培养目标迷茫的尴尬现状。

在专业定位明确的情况下，课程设置就容易了。首先除了学校要求的公共课程与文化基础课程以外，在专业课程设置上，首先，根据企业管理的需要，开设与之相关的一系列课程，如家政企业管理、人力资源管理、家政企业日常业务管理、家政企业营销、家政企业电子商务管理、家政服务与管理等。这些课程是培养学生的管理能力的。其次，考虑到学生们的实际操作能力以及未来就业的问题，还开设了一些家政技能课程。这些课程理应覆盖家政服务专业对应职业岗位群需要，当然这部分课程大多是以选修课或实训课形式出现，也进行了模块划分，比如家庭餐饮模块有面点制作、中式西式菜肴制作、蛋糕比萨烘焙、营养配餐等课程；家庭理财模块有金融、会计、财务管理、证券、保险等课程；家庭保洁与美化模块有家电使用保养、家居布置、服饰搭配、生活环境科学、插花艺术等课程；电商家政模块有网络编辑、网络技术及应用、电子商务基础与应用、家政网店经营管理、商务网站网页设计、商务网站策划运营、家政服务信息化等课程；营养保健模块有基础营养学、公共营养学、食品卫生与安全、中医食疗学等课程；家政维权模块有老年人权益保护法、妇女儿童权益保护法、消费者权益保护法、合同法、劳动法等课程。学生们可以按照自己的兴趣爱好，选择一个或多个模块学习，以利于今后的就业与自主创业。

为了避免出现高分低能、只懂理论不会操作的现象，我们还加大了实训课程的开设，重视实习实训等实用性操作训练课程，延长实训学时，以满足最基层应用技术人才的实际需要。在外出考察学习与市场调研中，我们发现一些学校采取了"2+1"模式，即学生入学的前两年集中在校学习专业知识，最后一学年为实习实训。不过这种模式也有弊端，学生离开学校进入实习单位，其行为活动得不到有效的指导、监护。学生是否系统学习掌握了实操能力，学校不好掌控，而且如果学生是集中起来实习还好，可派出指导老师全程参与，如果学生是单独实习则很难把握动向。另一种是三学期模式，即除了正常的教学年度内的学期，把六、七月份单独划出作为一个学期，让学生集中在外实习实训。还有一种是在课程中灵活穿插，根据课程需要来设置实训环节，不搞一刀切。学生从理论到实践，再从实践到理论，反复锤炼，实现从一名大学生到专业家政人才的蜕变。因管理、体制等种种原因，我们最后采取的依然是"2.5+0.5"模式。

总之，为了培养出适应市场需求的家政企业管理人才与优秀服务人才，家政服务与管理专业始终坚持"以服务为宗旨、以就业为导向、以质量求生存"的办学理念。我们学习借鉴其他院校家政服务类专业课程设置的先进经验，本着一专多能的原则，积极探索新思路，构建完整、科学、系统、合理的家政服务课程体系，满足市场及自身长远发展的需求。希望学生们在掌握家政企业管理知识的同时，也具备更多实用的家政服务基本技能，以便更好地适应社会、适应职场竞争。但事与愿违，最后的结果不如人意。2016年我校的家政服务与管理专业停招了，曾经的努力都付之东流。这固然有我校升本后必须压缩专科专业的原因，但更重要的是该专业的先天不足使其无法适应学校、社会新形势的变化，不能与时俱进发展壮大。该专业的失败经历给我们的教训是深刻的。没有充分的市场调研、一定的师资储备、生源的认可就匆忙上马，虽然在办学过程中为人才培养方案制定、课程设置、实习实训基地建设等付出了巨大的人力、物力、财力等成本，但停招的事实还是告诉我们，专业的设置一定要严肃慎重，必须广泛而充分地调研，必须科学严谨地论证，否则一个失败的专业不仅造成物质上的浪费，更重要的是对学生、教师也会带来长久的负面影响。

三、设置知识产权专业的论证报告

自2008年6月5日国务院发布《国家知识产权战略纲要》以来，我国的知识产权教育事业获得迅猛发展。教育部2012年9月公布《普通高等学校本科专业目录（2012年）》，将原法学类专业

（0301）下的知识产权（030103S）和知识产权法（030102W）调整为知识产权（030102T）特设专业，提升了知识产权专业地位，契合了市场需求，也表明培养知识产权人才的重要性和必要性。

依据学校本科专业发展规划，我们组织教师在省内外开展了充分的知识产权专业调研，在此基础上提出设置知识产权专业的申请。设置知识产权专业既具有必要性，也具有可行性。我们确立了明确的目标，并提出了切实可行的措施。

（一）设置知识产权专业的必要性

知识产权强国对知识产权人才的需求、知识产权强省对知识产权人才的需求、农牧业发展对知识产权人才的需求和我校未来发展对优化学科结构的需求，凸显了我校设置知识产权专业的必要性。

1. 知识产权强国对知识产权人才的需求

2015年12月22日，国务院发布《关于新形势下加快知识产权强国建设的若干意见》。随着创新驱动发展战略的深入实施，知识产权强国建设步入快车道，对知识产权专业人才的需求显著增长。"十三五"时期，是我国由知识产权大国向知识产权强国迈进的战略机遇期。作为知识产权强国建设最根本、最核心、最关键的因素，人才队伍建设始终摆在知识产权事业发展的重要位置。2017年1月17日，国务院发布《"十三五"国家知识产权保护和运用规划》，将"加强知识产权人才培育体系建设"列入四个重大专项之一，加强知识产权相关学科专业建设，支持高等学校在管理学和经济学等学科中增设知识产权专业，支持理工类高校设置知识产权专业。建设中国特色、世界水平的知识产权强国，离不开一支数量充足、素质优良、结构合理的知识产权人才队伍。

"十三五"时期,培养和造就一支数量储备充足、梯度结构合理、业务技能全面、综合素质优良的知识产权人才队伍,不仅是国家经济社会发展的现实需求,更是知识产权强国建设的智力支撑。根据国家知识产权局2017年2月24日发布的《知识产权人才"十三五"规划》,在"十三五"期间,人才资源总量要大幅增加。到"十三五"末,我国知识产权从业人员将超过100万人,我国将打造一支包括知识产权服务业人才、企业知识产权人才、审查人才、行政管理和执法人才等在内的专业化人才队伍。

2. 知识产权强省对知识产权人才的需求

国家粮食生产核心区、中原经济区、郑州航空港经济综合实验区、郑洛新国家自主创新示范区、中国(河南)自由贸易试验区均已列入国家战略规划。这五大国家战略规划实施需要以深化知识产权体制机制改革为突破口,以知识产权运用和保护能力建设为主线,全面提升全省创新驱动发展能力和产业核心竞争力,引领产业结构优化升级与经济发展方式转变,促进大众创业、万众创新蓬勃发展。为此,河南省人民政府提出了建设知识产权强省的宏大目标。2016年10月14日,河南省人民政府发布的《河南省建设支撑型知识产权强省试点省实施方案》明确提出"构建知识产权驱动型创新发展人才体系"的设想,着力推进河南省各类知识产权人才培养体系建设,基本形成一支素质优良、结构合理的知识产权人才队伍,为全面推进知识产权驱动型创新生态的建设和发展提供全面的智力支撑。

2017年1月24日,河南省知识产权局发布的《河南省知识产权事业发展"十三五"规划》将"支持高校培养知识产权复合型高层次人才"作为实施"知识产权+高等院校"工程的三项内容之一。其具体措施包括：鼓励具备条件的高校完善相关知识产权学科、设立知识产权专业、开办知识产权学院；加强知识产权师资和科研人才的培养，支持开展知识产权专业学历教育，鼓励有条件的高校开展与知识产权相关的研究生教育；支持开展知识产权培训工作，提高企业和中介机构知识产权专业工作者的素质和能力；稳妥推行知识产权远程教育。

3. 进一步完善优化我校学科体系的需求

2018年，我校拥有农学、经济学、管理学、文学、工学、理学、法学、艺术学等八大学科，有51个本科专业及方向，而与法学学科相关的只有知识产权管理和法律事务两个专科专业。在我校努力建设的八大学科中，只有法学学科还没有本科专业，明显成为我校学科建设的一个短板，设置知识产权本科专业无疑可以填补这一空白。

知识产权专业作为法学的特设专业，与我校的牧工商等重点发展专业和其他专业之间存在着互相交叉、互相渗透、互相支撑和互相促进的关系：一方面，知识产权专业需要理工科、经济学和其他人文学科知识作为基础；另一方面，知识产权专业也能够为其他学科专业的发展提供有力支持。比如，动物植物品种的培育方法、植物新品种权、商业秘密权、地理标记权可以为我校的动物科学、动物医学、食品与生物工程等畜牧类和其他涉农专业提供支持；发明、实用新型、集成电路设计权等可以为我校现有的工科乃至将来要发展的新工科专业提供支持；著作权可以为我校的文化传播类、艺术类专业提供支持；市场经济乃法治经济，知识产权专业中关于市场主体、产权（商标权、专利权、著作权、商业秘密权、商誉权、信用权、商品化权等）界定、市场行为、市场监管（包括反不正当竞争）、权利救济等内容与我校的经济管理类专业存在着非常密切的联系。

2018年4月2日，教育部印发《高等学校人工智能创新行动计划》，要求推进"新工科"建设，重视人工智能与计算机、控制、数学、统计学、物理学、生物学、心理学、社会学、法学等学科专业教育的交叉融合，形成"人工智能+X"复合专业培养新模式。出于"新工科"建设的需要，我校也要开展法学学科建设。在目前条件下，设立知识产权本科专业是推动法学学科建设的最佳切入点。

另外，我校面临最为重大的专业建设问题，是纵向深化学科的建设基础，横向进行专业结构的拓宽，从而充分发挥本校各学科的综合优势，更好地培养各类应用型人才。设置知识产权专业既可以较好地适应时代人才需求，又可以为我校各大学科的专业整合找到一个有力的生长点。知识产权专业建设，我校具有较强优势的理工科专业教师要参与其中，为需要具备复合型知识结构的学生讲授理工专业知识。在"大众创业、万众创新"的背景下，其他专业学生在掌握一些知识产权知识走出校门后，一方面懂得如何保护自己的知识产权，另一方面也懂得如何尊重他人的知识产权。

（二）设置知识产权专业的可行性

从师资力量、科研实力、实践教学平台和牧工商学科背景来看，我校设置知识产权专业具有可行性。

1. 具备开设知识产权专业的办学经验

近20年来，我校的成教学院一直开设专升本法学专业和高中起点升本法学专业,授课老师全为我校的法学教师,毕业生累计数千人。这既为我校积累了丰富的法学本科建设经验,也为我校教师积累了丰富的法学本科教学经验。1993 年我校设置了经济法专业,2004 年开办了法律事务专业,2011 年开办了知识产权管理专业,2013 年合并组建的河南牧业经济学院至今仍在举办知识产权管理和法律事务两个专科专业,累计培养了近千名知识产权管理和法律事务专业人才,为设置知识产权本科专业积累了丰富的办学经验。

在专业课程教学上,专科层次上的知识产权管理专业开设了与知识产权专业密切相关的课程,主要有知识产权法、知识产权管理、知识产权评估与融资、知识产权国际保护等。这些课程的开设,为知识产权专业的课程设置奠定扎实的课程基础。

2. 具备开设知识产权专业的师资力量

(1)队伍整齐、年富力强,目前法律专业教师共 16 名,其中教授 1 人,副教授 3 人。

(2)我们的专业带头人是河南省知识产权高层次人才。我省至今选拔任命了四批知识产权高层次人才,总共有 79 名,我校就有两名,这两名教师都是知识产权专业带头人。还有两位教师是教育厅学术技术带头人,一位河南省法学会理事,两位河南省知识产权研究会理事,一位河南省法律文化研究会常务理事,一位河南省教育法学研究会理事,一位民事诉讼法学研究会理事。

(3)我们的师资有着近 20 年的法学本科教学经验。早在我校融合升本之前,我们的教师就已经为成教学院的法学专升本班和高中起点本科法学班讲授本科法律课程,从脱产班到函授班,已近 20 年,许多教师的法学本科授课经验十分丰富。

(4) 我们还有一个法学研究所和一个知识产权科研创新团队，教科研成果丰厚，近 5 年来取得了优异的成绩。现有教师不仅有坚实的理论基础，而且还有很强的专业实践和科研能力，能够胜任本专业各门课程的教学工作。学校还不断加强对教师进行知识更新及进修培训，不断提高教师的理论水平、教学水平和科研水平。此外，我校是一所多学科教学型普通本科院校，可为实务型知识产权专业人才复合性知识结构的构建提供可靠的师资保障。

3. 具备开设知识产权专业的实践教学平台

我校现有的设施足以支撑校内实践教学。模拟法庭、辩论赛、法律知识 PPT 大赛、法律咨询等均可以在教室、学术报告厅等场所完成。国家知识产权创意产业试点园区、河南专利孵化转移中心以及河南省多家专利代理机构、商标代理机构、律师事务所和知识产权运营机构是我们的校企合作单位，也是我校开展知识产权专业实践教学的理想平台。

4. 具备开设知识产权专业的牧工商学科背景

我校确立了"牧工商一体化"为特色的发展道路，这也是设置知识产权专业所依赖的基本背景。目前，与牧工商有关的本科专业食品科学与工程、动物科学、动物医学、能源与动力工程、农业机械化及其自动化、酿酒工程、市场营销、电子商务、国际商务等。知识产权是一个交叉学科，理想的知识产权专门人才应当是法律、管理、经济、外语和一定科技知识的复合型人才。学校的牧工商学科背景将使这种复合型人才的培养成为可能。

三、知识产权专业人才培养方案简介

结合法学类教学质量国家标准,知识产权专业培养目标拟定为:适应建设中国特色社会主义法治体系与社会主义法治国家的实际需要,适应河南省区域经济发展对知识产权人才的需要。培养德才兼备、德法兼修,具有扎实的法学专业理论基础和熟练的知识产权职业技能,具备高效高质量知识产权法律服务能力与创新能力,能够在公检法以及律师事务所、知识产权中介机构和企业等单位从事与知识产权相关工作的复合型、应用型、创新型法治人才。

为实现这一培养目标,我们精心安排了课程体系。首先,我们将知识产权14门核心必修课程(法理学、宪法学、刑法、民法、刑事诉讼法、民事诉讼法、行政法与行政诉讼法、知识产权总论、著作权法、专利法、商标法、竞争法、知识产权管理、知识产权文献检索与应用)通过学科基础课和专业核心课做了合理安排。其次,为了学生司法考试的需要,我们又选择了7门(中国法律史、国际法、法律职业伦理、国际经济法、国际私法、经济法、商法)编入专业选修课。

综上,我校具备创办知识产权本科专业的良好基础,能够为我校牧工商一体化的特色发展道路添砖加瓦。而且,该专业的创办,对发挥我校比较优势,优化学科专业结构,探索学科专业新的生长点以及新工科建设具有现实和前瞻意义。经过全体法律教师的不懈努力,知识产权本科专业终于在2019年3月获批设立。

在深刻吸取家政服务与管理专业的设立教训之后,知识产权本科专业的申报论证是极为慎重的。前期到省内外进行了广泛的调研考察、举办了专家论证会,为保证应用型本科专业的办学目标顺利

实现，在目前尚未招生之前，我们已经开始和众多一线企业、律所以及知识产权管理服务机构开始沟通交流，洽谈合作事宜。截至2019年6月1日，针对知识产权本科专业我们已经和6家单位正式签订合作协议，在学生的实习实训、就业指导、教师的挂职锻炼等多个方面开展交流合作，共同为知识产权专业以及其他专业人才的培养贡献力量。

第四节　团队建设的思考与实践

教学团队、科研团队以及基层教学组织在高校教学改革、学科专业建设中的作用越来越受到教育主管部门、学校以及教师们的重视。各个高校也加大了团队与基层教学组织建设的力度。笔者作为学科专业带头人，是我校经济法教学团队、知识产权科研创新团队的负责人，因此有一些实际的探索和思考，在此也梳理总结一下。

一、经济法教学团队建设

经济法是河南商业高等专科学校以及后来的河南牧业经济学院法律类专业的核心课、必修课，是其他众多专业的专业基础课，在多年的教学实践中，经济法教学队伍从最初的两三个教师持续不断地发展壮大，到如今已经拥有近二十位专职教师、十多位校内外兼职教师，是我校人员充足、实力雄厚的教学团队之一。这支教学队伍在法律事务、知识产权以及社区、家政等专业的建设中曾发挥了举足轻重的作用，而且在教学改革和教学质量工程建设中也取得了可喜的成绩。但随着我校的升本以及向实用型本科的转型，经济法教学团队也面临着很多问题与挑战。

（一）经济法教学团队建设已经取得的成绩

（1）经济法教学团队人员充足，学历层次与双师比例高。经济法教学队伍初建时只有 2 名专职教师，后来随着招生规模的扩大，专职教师增加到 5 名。2003 年迁至新校区后，师资队伍不断壮大，目前经济法教学团队拥有专职教师近 20 人，校内外兼职教师 10 余人，而且团队教师中有 7 位兼职律师、2 位社会法官、6 位法律顾问。

（2）经济法教学团队全体专职教师年富力强，教学经验丰富，教学效果良好。专任教师中有 8 位都是 45 周岁以下的中青年教师。现有河南省知识产权高层次人才 1 名，省教学技能竞赛一等奖获得者 1 人，二等奖获得者 4 人，河南省教学标兵 1 人，校级教学名师 1 人，校级中青年骨干教师 2 人。团队专职教师常年承担经济法的教学任务，教师们教学经验十分丰富，专家评教与学生评教成绩喜人。经济法也是众多专业学生十分喜欢的一门基础课。

（3）经济法教学团队注重第二课堂活动的开展，第二课堂活动丰富多彩，多年来坚持不懈举办"3·15 消费者权益保护日法制宣传""12·4 普法宣传"、模拟法庭、法律进社区、法治图片展等各项活动。

（4）经济法教学团队注重教学研究活动的开展，在负责人的带领下，已经完成多项校级教学质量工程的建设。经济法精品课程和经济法精品教材已经结项。另外，还完成了多项校级教改课题，如"法律事务专业实践教学体系的改革与研究""河南商专经济法课程教学改革研究""河南商专女生人文素质教育研究""河南商专法律事务专业学生实践能力的培养策略研究"等，教研成果显著。

（5）经济法教学团队教师的社会服务工作成绩突出。团队教师通过承担律师、法律顾问、社会法官等工作，坚持为社会服务，还有5位教师先后担任学校的法律顾问，在学校的发展建设中做出了应有的贡献。总之，目前的经济法教学团队是一支充满朝气与活力、踏踏实实勤奋钻研的教学团队。

（二）经济法教学团队建设中存在的突出问题

经济法教学团队虽然已经取得可喜的成绩，但与那些师德高尚、业务精湛、结构合理、合作紧密的优秀教学团队相比还有差距，仍存在不容忽视的问题。

（1）还有部分教师对教学团队建设的重要性认识不够，日常教学科研中团队合作意识有些欠缺。虽然自学校教学质量工程评选工作开始以来，多数教师很重视经济法教学团队的建设，但部分教师对这一问题的重视程度不够，并没有全面认识与理解教学团队建设的重要意义，只把它当作一个教学质量工程项目来对待，在日常的教学与科研中没有把一个团队的合作体现出来。觉得教学与科研都是自己的事情，无须和他人交流合作，往往独自完成自己的教科研任务就行了，团队合作意识仍需进一步加强。

（2）教学团队中的高级职称比重不够高。目前经济法教学团队近20人中只有一位教授、三位副教授，高级职称太少，整体教科研实力亟待提高。

（3）教科研成果严重失衡，而且研究方向分散，难以凝聚合力。有的教师经过多年的积累，教科研成果十分丰厚，但有的成果寥寥，屈指可数。科研实力比较强的教师的研究方向也不相同，难以形成合力。所以，这也是经济法教学团队整体实力难以迈上新台阶的原因之一。

（4）进一步深化经济法教学改革的动力不足，存在故步自封现象。团队教师在经济法的教学上大多经验丰富，效果良好，因此进一步深化教育教学改革的动力不足，不少教师按照固有模式来组织教学，不愿尝试新手段、新方法，故步自封，满足于现状，教学上创新不足。而我校在升本之后，学生们的差距进一步拉大，从"3+2"、对口、专科统招、国教院、中外合作办学到统招本科，各种层次的班级对教学也有着不同要求，教师们一成不变按照既有模式教学显然不行。一些教师尚未适应新形势要求，未能做好充分准备，因材施教停留在口头上，未真正落实在实际教学中。这导致有些专业的经济法课无人愿上，有些专业的经济法课抢着上。

（5）教学与兼职工作难以兼顾。教学团队中兼职律师较多，而律师工作的特殊性使得教学与兼职顾此失彼现象突出。许多时候因为取证、开庭等原因，兼职教师无法正常上课，不得不调课，这一方面影响了正常教学，另一方面也影响院系教研室的年终考核，从而也引发一些不必要的矛盾。

（三）经济法教学团队建设中问题产生的原因分析

这些问题不仅仅在经济法教学团队建设中存在，在其他教学团队建设中也或多或少存在，有些问题是经济法教学团队比较突出的，有些问题具有共性，因此，分析研究这些问题产生的原因有利于彻底解决。

（1）学校在教学上投入不足，使得教师们的教学积极性受到打击。相比在外兼职的教师，未兼职教师感觉全身心投入教学收入太低，因此对待教学心猿意马，而把精力投入收入可观的兼职工作。这种现象绝非经济法教学团队独有。

（2）学校现有政策存在一些不合理地方，也影响了教师对教学改革与教学团队建设的热情。早在专科之时，我校就已经开始每年对教师的教科研情况进行量化考核。自从出台了针对专职教师的考核办法，就如同高考指挥棒一样，开始全面调控教师们的教学与科研。以学生评教来讲，由于它对教师的考核结果有着举足轻重的作用，所以教师们铆足了劲来提升评教分数。学生们喜欢的内容就多讲，学生们喜欢的形式就多采用，比如视频资料多播放些，吸引人的案例多讲些，只要学生评教分数高，管它什么教学改革的深度与广度。我校教学质量奖的评定也有待完善之处。既然是教学质量奖，那就应该严格以质量标准来评定，但我校还要看课时数。这样一来，一些课时超多的基础课教师获奖的可能性就大大增强，而课时较少的教师就基本没有得奖的希望了。这也引起教师们的普遍怨言。另外，教师们对于科研成果与教学时数不能互转也意见颇多。在许多院校，教师本年度如果科研成果很多，可以转化为课时量，比如一篇核心期刊论文折合 50 课时，一篇核心论文折合 100 课时（用于折合课时的论文不能再作为科研成果参与考核）。各类课题也有不同的折合标准。我校青年教师居多，科研实力较弱，但许多青年教师上课多，课时无法转化为科研成果用于考核。在现在教学科研无法互转的情况下，教师们疲于应付量化考核，很难抽出精力用于深化教学改革。而且目前的考核办法也主要是针对教师个人的教科研业绩考核，并没有与教学团队的建设紧密结合起来，这也是教师们对教学团队建设不热心的原因之一。

（3）科研成本居高不下，使得一些教师干脆放弃科研。在传统职称评价体系的催生下，发表论文与申报课题的成本在逐年增加。那些经济条件一般甚至拮据的教师们，则在感慨之余，干脆放弃了科研。

（4）高级职称的欠缺，影响团队的进步与发展。作为人数较多的教学团队，高级职称人数较少，对整个经济法教学团队的负面影响是很大的。团队给人的整体感觉就是实力不强，对内对外影响力不够，因此制约了高一级课题或项目的申报。而且由于大家都是分散研究，始终未能在教学团队的基础上形成教学与科研为一体的团队。这必然影响整个团队的进步与发展。

（5）经济法课程内容变化快，而集体备课与课程研讨流于形式也影响了经济法教学的进一步提升。随着社会主义市场经济的不断深化发展，经济法作为市场经济社会重要的法律部门也在不断地发展，其所涉及的法律法规有的已经修订了不止一回。因此，教师的教学内容也要随之变化。在缺乏统一备课与研讨的情况下，经济法的教学就难免呈现各自为战的状态，不利整体教学水平的进一步提升。

（6）职称评审条件的导向作用，也使得教师们对教学团队建设热情不高。依照河南省目前的高校教师职称评审的办法，教师们基本上不会因为教学团队建设问题而影响职称评定的。比较起教学团队建设，教师们更愿意将精力投入科研工作中去，因为科研成果不仅能够用来评职称，还可借以获得科研补贴。虽然目前按照政策，职称评审可以有教学型、科研型以及教学科研型三种类型可供选择，但这仅仅停留在纸面上，实际评审时，还是依据教学科研型一种类型来评的，所以大家并不愿以过多精力投入教学。

（四）目前我们在经济法教学团队建设中采取的措施与方法

我校我系一贯非常重视教学团队的建设，因此，自项目立项以来，经济法教学团队的全体教师都积极配合，采取了一系列行之有效的措施与方法。

（1）经济法教学团队全体教师多次召开研讨会，为团队建设出谋划策。自团队建立至今，全体专职教师召开了多次研讨会，从教学内容到课件制作，从科研帮扶到进修兼职，大家各抒己见，群策群力，为团队建设提出了许多宝贵的意见与建议。比如加强科研帮扶、强化实习实训、积极参加教学技能竞赛、改进多媒体教学、利用寒暑假挂职锻炼等，为项目的顺利实施、结项发挥了良好的作用。

（2）采取科研帮扶措施，为教师们科研能力的提升提供力所能及的帮助。高校教师理应教学科研双管齐下，只讲教学不从事科研，充其量只是个教书匠；而只讲科研不重视教学，那就不该选择教师这一行，是不负责任的教师。所以，教学与科研在高校应该齐头并进，尤其我校现在已经是本科院校，更不能忽视科研的作用。但考虑教学团队教师的实际情况，我们采取了科研帮扶政策，比如现有的博士与副教授发挥科研带头和引领作用，尽可能在高层次科研课题申报和论文发表上给其他教师提供力所能及的帮助。科研薄弱的教师也发挥主观能动性，积极参与课题的论证与教科研论文的撰写，提升自己的科研能力。

（3）为提升教学质量以及团队的力量，利用课堂内外时间了解掌握学生的需求与期望。作为我校多数专业的专业基础课，经济法课程在学生们心目中是一门比较实用的课程，大多数同学对学习经济法的热情很高。我们通过各个任课教师的反馈，也总结归纳了同学们对学习经济法的意见与建议以及对任课教师的一些希望。同学们普遍认为，经济法所讲授的内容距离自己的生活、学习以及未来的生活、工作很接近，许多知识都是日常生活所要具备的。比如合同的订立与合同争议处理、公司的设立、消费者权益保护、产品质量纠纷解决、侵权纠纷处理、诉状与仲裁申请的撰写等知识是现代法治社会必不可少的。学生们非常愿意学习经济法，而且还特别希望增加婚姻家庭继承法以及劳动法方面的内容，这是日常生活中遇到的最多的法律问题。另外，学生们对教师们的教学也提出了一些建议：一是希望教师们结合教学内容多举一些实践中的案例或播放相关视频，让大家能够更直观清晰地理解掌握所学理论知识。二是希望教师们多出案例让同学们自己分析，大家感觉这种方法对掌握理论知识特别有帮助。三是希望能有机会进一步学习法律知识。针对学生们提出的意见与建议，教师们利用例会之后的宝贵时间，一起进行了讨论，对进一步强化案例教学达成了共识：基于非法律专业学生们的法律素养，应该加强案例教学，播放典型视频资料，布置案例分析讨论、辩论等。

（4）学习借鉴兄弟院校的经验教训，取长补短，加强教学团队建设。为进一步提高经济法教学水平，我们团队也广泛进行了调研，先后到相关兄弟院校参观学习，学习借鉴兄弟院校的经验教训，取长补短，加强教学团队建设。

总之，随着学校升本以来对教学科研工作的日益重视，学校在制度建设顶层设计上焕然一新，加大了教学与科研投入的力度。在资金政策的大力扶持下，笔者坚信，团队建设一定能够迈上一个新台阶。

二、知识产权科研创新团队建设

（一）团队人员基本情况介绍

本团队共8人，从学历结构看，博士2位、硕士4位、学士2位；从职称结构看，教授1位、副教授3位、讲师4位，学历职称结构比较合理。

（二）团队形成背景及研究方向

（1）团队的形成背景。

一方面，从国家和省里的发展战略来讲，我国早在2008年就发布了《国家知识产权战略纲要》，明确提出了要把我国建设成为知识产权创造、运用、保护和管理水平较高的国家的目标。2016年的《政府工作报告》在"十三五"目标的表述里也提出要"加快建设质量强国、制造强国、知识产权强国"。河南省2008年也发布了《河南省知识产权战略纲要》，提出要把我省建设成知识产权制度体系完善，法制保护有力，专业人才充足，创造机制活跃，实施效果明显的知识产权强省。所以无论从国家还是河南省的发展战略来看，都体现了对知识产权的重视。我们的强国与强省战略，都离不开知识产权的保驾护航。

另一方面，从知识产权面临的问题来看，随着互联网、物联网、遗传生物等现代科技的发展，新的知识生产和传播方式颠覆了传统知识产权的技术和文化基础。知识产权研究需要向更新、更广、更深入的研究层次发展，新科技的发展也需要加强知识产权研究。

从我校专业实际来讲，知识产权专业未来要发展、要建设、要办出自己的特色，亟须建立一支强有力的科研团队，为提升教师教育教学水平与服务社会能力提供支撑与保障。

（2）团队研究方向。

目前在知识产权研究方面，主要有四个方向：从法学基础理论入手，对知识产权进行研究，主要是两位博士的成果；从文化遗产的知识产权保护入手进行研究，主要是笔者的一些研究成果；知识产权在实践中的具体应用，主要是笔者和一位博士的成果；知识产权的教育教学，目前也主要是笔者和一位博士有一些成果。

（三）国内外研究现状概述

国内外研究现状主要从知识产权战略成果十分显著的两个代表性国家来介绍，一个是美国，一个是德国。美国从20世纪80年代随着产业结构的调整开始实行知识产权发展战略，相关研究围绕着这一战略展开。对内，着力强调进行相应的知识产权改革，制定法律，重新界定知识产权的权利归属和利益分配，包括知识产权的实施者和推动者及管理者的权益。对外，谋求美国知识产权权利人在全球利益的最大化，推动《与贸易有关的知识产权协议》的签署。德国的知识产权战略也有自己的鲜明特色，在注重知识产权立法的同时，把企业尤其是跨国公司的知识产权战略集中统一起来，特别强调应避免企业单打独斗引发的重复研发、重复商标注册等弊端，构筑知识产权的铜墙铁壁。

对我国来说，认识新常态、适应新常态、引领新常态、实施创新驱动发展战略，对知识产权研究与创新提出了新要求，在"互联网+"的时代背景下，为深入实施知识产权战略提供了新的思路。目前已有一些学者开始进行"互联网+知识产权"的相关研究，今后"互联网+知识产权"的研究与实践应成为实施创新驱动发展战略的坚实保障。

（四）科研支撑条件

关于依托的科研支撑条件，目前团队成员都有着良好的学术经验与专业研究基础，并且团队核心组成人员已有相当的科研成果积淀，为进一步研究打下了基础。另外，这些年在产教融合、服务社会工作中也建立了一批合作单位，这些都为团队的建设发展提供了支撑与帮助。

（五）科研团队建设小结

知识产权研究科研创新团队自2016年5月组建以来，从系领导、团队负责人到团队成员都非常重视团队的建设与发展工作，多次开会研讨。团队依据成员的前期研究成果、研究方向以及专业特长，比较科学地下达了科研任务。

在任务分配之后，以团队负责人为领导，两位博士为核心，团队展开了一系列调研与创作。团队成员先后到中原工学院、河南财经政法大学、重庆理工大学等考察调研，还参加了"2017上海知识产权南湖论坛""2018重庆知识产权南湖论坛"以及"2017中国知识产权年会"、2018年河南财经政法大学的"创新发展与知识产权人才培养"研讨会等。通过这些措施，了解知识产权学科发展与前沿理论，为进一步深入研究创新奠定基础、拓宽思路。两年来，经过大家不懈努力，取得了可喜的成果。核心成员的科研成果可圈可点，为团队做出了突出贡献。另外，团队还与国家知识产权创意产业试点园区、河南省知识产权事务中心、河南专利孵化转移中心以及一些律师事务所建立了良好的合作关系，为以后的持续科研实践提供了良好的平台。

但是，经过两年的科研实践，我们也发现了团队存在的问题，比如团队成员科研成果不够均衡，科研成果过于集中于核心教师；高水平的科研成果依然比较欠缺，至今仍无国家级项目申报成功；团队的科研成果与学校牧工商一体化的发展定位联系不够紧密。

无论是"双一流工程"还是"双万工程"，在互联网信息时代，单凭某一个教师一己之力去实现学科、专业以及课程建设的宏大目标是不现实的，因此，教师团队建设就显得尤为重要。我校自升本以来，日渐重视团队建设，不断加大对团队建设的投入。笔者作为经济法教学团队和知识产权科研创新团队的负责人，在这几年的建设过程中，也体会到团队能够整合资源、增进合作，能够最大程度激励和发挥个人的特长，能够实现更高层次的教学目标和科研目标，能够为教师们提供更好的教科研条件。在团队建设目标的指引下，教师们的教科研水平得到了不同程度的提高，对更好地教书育人起到了积极的作用。

第五节　几点思考与感悟

教育部高等教育司司长吴岩在 2018 年高等教育国际论坛年会上说："不能搞'玩命'的中学，也不能办'快乐'的大学。一部分学生天天打游戏，天天睡大觉，天天谈恋爱，'醉生梦死'的日子一去不复返了。一部分教师'认认真真培养自己，稀里马虎培养学生'的日子一去不复返了。一部分学校'领导精力投入不足，教师精力投入不足，学生精力投入不足，资源配置投入不足'的日子一去不复返了。"吴岩司长这番话可谓一针见血地指出了目前高等教育中普遍存在的问题。初读此言，笔者和同事们曾哈哈大笑不止，然静下心来细细品味，方觉意味深长，慨叹之余也想把一些思考与感悟分享给大家。

第一，我想对大学生们讲些肺腑之言。进入大学，不是进了休闲娱乐场所，可以无忧无虑放心玩乐，而是应该更加奋进拼搏。因为这是进入职场打拼、进入社会竞争的准备阶段。从教这么多年，送走了一批又一批毕业生，在他们工作三五年，或者十年八年后再对比来看，凡是在单位已脱颖而出，或是自己创业已小有成就，或是学业不断进步者，无不是在大学期间就已经做了充分准备和铺垫。他们比起一般学生，往往对自己的人生有着明确规划，并为之不断奋斗努力。比如法律事务专业的学生赵某某，个头不高、其貌不扬，作为班干部，他为班级事务付出了很多时间和精力，学习成绩中等并不优秀，但他的工作办事能力让老师们交口称赞，交代给他的事情绝对圆满完成，组织协调沟通方面能力突出。在校期间我们就感觉这孩子将来一定会有出息。果不其然，毕业也就两三年光景，该生不仅拿到了律师职业资格证，更是开办了律师事务所，年收入远远超过当年教他的老师们。

还有文秘专业的一个女生武某某，父母都是农民，但她十分要强，对改变命运、出人头地有着强烈的渴求，在校期间抓住各种机会锻炼自己，演讲比赛、竞选班干部、文体活动等都积极参加。当上班干部后，她更是认真处理好班级许多事务，并且上传下达，做好师生间的桥梁工作。三年下来（当时我校还是专科院校），该女生的风风火火、泼辣干练让老师们印象深刻。大家也断定该女生未来在职场上表现不会差。事实的确如此，该生毕业后应聘到一家汽车4S店做了销售人员，她的基本素质让她很快崭露头角。她把店里销售的所有轿车的型号、排量、油耗、轴距、重量等各种参数都背得滚瓜烂熟，号称消费者"问不倒"。由于表现出色，毕业不到四年就当上了经理。学校校庆时，系里邀请她来给学弟学妹传经送宝。当一身职业套装、精明飒爽的她出现在我们面前时，我和同事们都啧啧感叹：世上无难事，只怕有心人，专业不对口也不影响职场的发展。

可能有的同学心里会嘀咕，你举的例子都是班干部，胆子大、沟通协调能力强，那要是胆子小、性格内向、不善言谈的学生呢？其实，性格没有好坏，而是要对自己有个清醒的认识，自己喜欢什么、擅长什么，根据自己的禀赋特点，做好自己的人生规划，是专升本、是考研读博、还是就业创业，不能浑浑噩噩、随波逐流，还号称自己追求"佛系"人生。

比如法律班的康某某、刘某某、李某某，文秘班的陈某某等同学，他们都不是班干部，有的外向些，有的内向些，但他们有一个共同的特点即勤奋努力、上进心强，虽然起点低，读的都是专科，但毕业后相继考上了"985"或"211"大学的研究生，现如今都有一份不错的工作。所以，大学生入校后，要尽快缩短适应期，早点对自己设立奋斗目标，然后奔着目标不断努力，千万别在醉生梦死中虚度光阴。2018年8月教育部印发了《关于狠抓新时代全国高等学校本科教育工作会议精神落实的通知》。其中要求，高校要严把毕业出口关，坚决取消"清考"制度，提高毕业论文（设计）质量。的确，多年来我国高校严进宽出的现实，让许多大学生有恃无恐，反正毕业论文要求不高，而且还有毕业"清考"制度保驾护航，拿到毕业证没太大难度。有的学生平时对待学习马马虎虎、交差应付，依赖考前突击、临阵磨枪只求混个六十分。教育部的此项规定，给混日子的大学生们敲响了警钟，严进宽出的日子真的要一去不复返了。

第二，作为高校教师，我也想和同行们推心置腹谈谈心。吴岩司长说，部分教师是在认认真真培养自己，稀里马虎培养学生。这话真不假。多年来，许多高校都存在着重科研、轻教学的现象。无论是职称评定还是绩效考核，论文、项目、著作等科研成果权重很大，教学的质与量反而在其次。相当一部分教师的主要精力用在了写论文、申报课题、拉项目上，课堂教学随意应付。还有部分教师热衷于在校外兼职赚钱，教学科研都放在一边。笔者在院系主抓教学工作，每学期都要深入课堂听课，每学期也都要举办观摩教学活动，教师上课是否用心、是否精心做了准备，听个三五分钟就很清楚。当然，面对台下几十个学生，多数教师还是认真负责的，糊弄学生的是极个别，但认真负责和全身心投入依然差别巨大。我们不缺教书匠，缺的是全身心投入教学、把教学当成事业追求的教师。

论及此，可能有的教师会觉得笔者在说大话：在职称评定的标准下，没有顶层制度设计的变革，高校教师重科研、轻教学的现象很难彻底改观。其实，现在不少高校已经开始行动，加强课堂教学管理、加强学习过程管理，杜绝"水课"、打造"金课"。以我校为例，职称评定办法做了重大调整，专门增加了绿色通道，即连续五年教学考核优秀者，可以享受直通车待遇。这一条对全校教师震动很大，对那些教学水平很高但科研能力一般的教师更是极大的鼓舞。另外，学校在重奖高层次科研成果的同时，也对教学设立了高额奖项。除此之外，教师教学的数量也是每年绩效考核时的最基本依据。

这些制度虽然在我校才刚刚试行，但其积极作用已经显现出来。以往不少教师不愿多上课，如今开始主动要求多上课。一些根本不上课的教授也开始积极承担教学任务。今年是我校的课堂教学质量年，目前正在进行说课、课堂观摩教学、教学技能大赛等一系列活动。

　　另外，相比基础教育阶段师生的亲密关系，大学阶段师生之情就很淡薄了。不少教师与学生极少沟通交流，仅做到教书，育人却不足。其实，大学生内心深处很渴望从教师那里得到指导和教诲。教师的开导、指引、鼓励等对学生的积极作用远远超过家长、朋友给予的。

　　有一学期，我给文秘班的学生们讲授经济法课。学期中间，有一个女生课后找到我，怯生生地说："老师，我能不能问您几个问题，和您说说话呀？"我回答说当然可以。这个姑娘眼里含着泪花说："老师，我个子矮、长得不漂亮、家里也没有什么关系，是不是不适合学文秘？学文秘的是不是应该个子高、长得还漂亮，将来才好找工作？"看着这个身材不高、相貌平平的姑娘，我明白了她为什么会问这个问题。这个班男生仅有几个，几乎清一色是女孩儿，而且美女多多。初次上课我就被惊艳到了，一眼望去，或清秀或文雅，或端庄或艳丽，总之莺莺燕燕、姹紫嫣红。我曾和同事们开玩笑说，这学期我可值了，文秘班的姑娘们真养眼。在这样一个看脸的时代里，在这样一个美女成堆的班级里，一个相貌平常的姑娘肯定会有压力。我思索着该如何回答这位女生。如果说一堆冠冕堂皇的大道理，肯定难以让她信服，而且用人单位来选拔学生时，虽未直接要求相貌，但实际上相貌出众的确是加分项。为解开这个姑娘的心结，我把这个姑娘带到办公室，谈了快一个小时，主要意思就是，虽然外貌对一个人影响很大，但并不是事业成功的必备条件，一个人只要脚踏实地、勤勤恳恳、兢兢业业、积极向上，终究能够在人生之路上活出自己的精彩。当这个姑娘带着笑容离开时，我自己也感到十分欣慰。

还有一个知识产权管理专业的女生，大二秋季刚开学就找到我诉苦，说是越来越迷茫，不知道未来的路该怎么走。我从专业的发展、职业的选择到个人素质的提升、未来的升本考研等，像朋友一样和她聊了将近一下午，直到她信心满满地离开。

作为法律老师，每学期第一次上课，我总是告诉学生，无论生活上学习上遇到问题尽管问我。这些年向我咨询法律问题的学生很多。在给学生们解决法律问题的同时，我自己也收获满满，我的收获就是作为一个老师的满足感与价值感。

这些年随着教学管理工作越来越繁忙，我承担的教学任务也在逐渐减少，和学生之间的沟通交流也少了许多，这种状况对师生双方都不利。我所在的院系已经决定，每月专门设立学生接待日，院系领导与学生交流谈话，以便更好地掌握学生们的所思所想、所需所求，真正落实高校教师教书育人的双重职责，为大学生们的成长成人成才添砖加瓦、贡献力量。

所以，我希望教师们在上好课的同时，能够和同学们多沟通、多交流、多互动，既当良师又做益友，走入学生的内心世界，陪同他们一起走过灿烂绽放的青春时光。

后 记

我常引用古人之言"金银珠玉何足贵,唯有儿女才是宝"向家人、朋友、同事们表达自己对养育孩子的态度,养育孩子的艰辛漫长、殚精竭虑也是在为人母、为人师之后才日渐深刻体会的。

2017年6月初,章莹颖案件的发生让我和先生心惊胆战,原本正在纠结是赴美还是赴英留学的女儿,在我和先生的竭力劝阻下,最终去了英国。在女儿留学期间,每天我都要和她通过微信视频聊天,那种牵肠挂肚、提心吊胆,只有过来人才能感同身受。现如今,女儿又在犹豫是继续读博深造,还是步入社会上班赚钱,开始自食其力的生活。

面对女儿,我常常感慨,养育一个孩子可真不易呀!从呱呱坠地的小小婴儿到自食其力的合格公民,其间家庭、学校、政府、社会等各个方面、无数个环节,都不能出现大的错误或者偏差。

一个孩子的成长成人成才之路充满了荆棘坎坷曲折,作为父母、教师、政府,都要尽心尽力为小花朵、小树苗们的绚丽绽放、茁壮

后 记

成长浇水施肥、修枝剪叶、培根铸魂。

愿每一个孩子都能顺利地成长成人成才，从容淡定地走过自己的人生之路！